¿HIJOS O ENEMIGOS?

Si no lo lees...
tienes un enemigo en casa

Henry Manzano

TITULO ORIGINAL: ¿HIJOS 0 ENEMIGOS?
REG. SENAPI: 1-092-2012
ISBN:978-99954-2-278-3
DEPÓSITO LEGAL 4-1-2963-11

REVISIÓN Y DIAGRAMACIÓN:
PROFA.ZULEMA FLORES
SR. RAFAEL SIÑANI

TELÉFONO: 2470716 CELULAR: 73273248
E-MAIL: henryman-manzano@hotmail.com

COLECCIONES CULTURALES EDITORES IMPRESORES.
CALLE DIEZ DE MEDINA No. 764, ZONA LOS ANDES LA PAZ - BOLIVIA
CUARTA EDICIÓN:
IMPRESO EN BOLIVIA - PRINTEDIN BOLIVIA

DEDICATORIA

El presente trabajo va dedicado a todos los padres que comprendieron que los hijos son un regalo de Dios.

También dedico la presente obra a los niños, niñas, adolescentes y jóvenes de mi país, por ser su tesoro más invaluable.

AGRADECIMIENTOS:

Mi gratitud especial por las valiosas sugerencias, por su estímulo y por el apoyo incondicional que siempre me dieron a las siguientes personas:

Al profesor Alberto Jhonny Laura Zegarra por su colaboración en el capítulo titulado "Valores, matrimonio y divorcio".

A mi distinguido amigo Oscar Ivan Paz Contreras, por ser un ejemplo de superación.

A mis queridos(as) amigos(as): Wilson Herrera Chavez, Frailan Marín Poma, José Martí Quisbert Condori, Juan Pacohuanca Lima y Javier Medrano.

Para ellos, mi más grande reconocimiento y gratitud.

PRÓLOGO

La conducta de los hijos es producto de una interacción en la que, de manera inequívoca, están inmersos los padres como pilar fundamental de su educación.

Hablar de educación, inicialmente es hablar de los padres y la familia como antecedente en la formación de los hijos; posterior a ello, se adherirán otros pilares como: el grupo social, la cultura, la escuela, etc. que complementarán dicha labor. En ese entendido, muchos padres al ser los primeros responsables de la educación de sus hijos, se preguntan: ¿cómo ser un buen padre, si ni yo mismo tuve uno bueno?

¿HIJOS O ENEMIGOS?, es un intento por dar una respuesta a esa interrogante que existe en muchos de nosotros, a través de una rigurosa, pero para nada absurda, crítica a los modelos errados de conducta que, a veces, repetimos o que consideramos correctos, cuando ejercemos nuestro rol de padres.

A través de estas páginas, el lector encontrará bastante información enriquecedora que le permitirá no solo adquirir conocimientos teóricos, sino también, comprender los errores más frecuentes que los padres cometen en el proceso de educación de sus hijos e hijas. También encontraremos un tema polémico como es el SAP (Síndrome de alienación parental) donde uno de los progenitores envenena al hijo o hija en contra del otro progenitor, esto en los procesos de divorcio o separación de cuerpos. Finalmente se puede ver que el autor aborda el tema de los hijos con capacidades diferentes que nos hace reflexionar sobre la suerte que muchos padres tienen de tener hijos sanos.

El Dr. Manzano en la presente obra, nos brinda pautas a través de una crítica incisiva, sobre la manera de cómo lograr que un padre "construya" hijos con valores y principios, a partir del ejemplo en la familia, recordándonos que para formar hijos con autoestima alta y seguros de sí mismos, no necesitamos ser "padres buenos"; sino, ser "buenos padres".

Lic. Dennis Zuazo Valer

PSICÓLOGO FAMILIA

CONTENIDO

PRESENTACIÓN

En nuestro país hablar de educación, es hablar inicialmente de la interacción entre padres e hijos, ya que la familia es la primera escuela del ser humano, que se complementará posteriormente con el tipo de educación que se les dé en la escuela y la influencia del grupo social.

Los padres de familia y profesores son los directos responsables de la formación integral de sus hijos y de sus estudiantes, que podría deformarse o no con la influencia del grupo social.

Esta formación integral debe apuntar a formar personas con valores, que comprendan el dolor y la alegría de los demás; que utilicen su poder y sus conocimientos, para hacer el bien sin mirar a quién, impartir justicia, educar y hacer amigos.

Para que un hijo sea una buena persona, los padres deben darle las condiciones necesarias para su desarrollo, pero sobre todo mucho amor. Lamentablemente, muchos padres tratan a sus hijos como verdaderos ENEMIGOS al equivocarse demasiado en su educación, provocando en ellos: frustración, sufrimiento y dolor.

Padres buenos hay muchos; pero buenos padres, hay muy pocos, existiendo una diferencia abismal entre ellos.

¿Hijos o Enemigos?, enfocará en sus páginas los principales errores que cometen los padres en la formación de sus hijos, sus consecuencias, y la diferencia entre un "padre bueno" y un "buen padre". También veremos cómo la familia influye en la formación, conducta y tendencias de los hijos.

Por todo esto, es necesario leer este libro, no desde una perspectiva defensiva o cerrada, sino con la amplitud de quienes desean mejorar como padres, hermanos, tíos y abuelos.

EL AUTOR

CAPÍTULO I

LA RESPONSABILIDAD DE FORMAR UN HOGAR

El ser humano es un ser social, no puede vivir solo ni aislado de los demás, necesariamente tiene que vivir en sociedad para desarrollarse como persona, ya que necesita de la aprobación y reprobación de sus actos por los demás. Viviendo en sociedad aprende

valores, conocimientos, normas, costumbres y hábitos. Esta esencia social, también hará que forme una familia y un hogar.

FAMILIA

Es una institución natural y núcleo fundamental de nuestra sociedad que persigue como fines: la procreación, la educación de los hijos, el amor y la ayuda mutua de los cónyuges. Por estas razones, la familia es la primera escuela de los seres humanos.

MATRIMONIO

Es una institución jurídica por la cual dos personas unen sus vidas por amor, de manera perpetua e indisoluble, en la riqueza o en la pobreza, en la salud o en la enfermedad, hasta que la muerte los separe y que genera efectos jurídicos inmediatos; relacionados con los derechos y obligaciones de los esposos entre sí y para con sus hijos.

Si uno **no está seguro** de amar a su pareja, debe abstenerse de formar un hogar, porque los que pagan los platos rotos son los hijos, que no tienen la culpa de la inmadurez, poca experiencia, irresponsabilidad y falta de orientación de sus padres.

HOGAR FELIZ

En un hogar feliz con valores y fundado en el amor, siempre se buscará la felicidad del otro, hasta el punto de olvidarse de uno mismo y vivir para el otro; por consiguiente, no se levantará la sombra de la discordia ni el frío de la indiferencia.

Si en el hogar reina la armonía y la felicidad, los hijos serán felices; porque no les faltará cariño, apoyo y comprensión de sus progenitores, que harán de ellos líderes, pero sobretodo buenas personas y con valores.

HOGAR CON PROBLEMAS

Si en el hogar existen problemas, falta de amor e inestabilidad, los hijos serán inestables, agresivos, nerviosos y poco sociables; esa será la respuesta a su frustración.

Cuando en el hogar existe mucho control, excesiva presión por el rendimiento escolar, violencia familiar, consumo de bebidas alcohólicas, falta de cariño, comparación de los hijos, dicho hogar se convierte en un medio negativo y hostil para el hijo que busca salidas alternativas a su frustración; introduciéndose muchas veces en el consumo de bebidas alcohólicas, drogas, matrimonios precoces, embarazos no deseados, delincuencia, suicidios y prostitución.

ERROR DE LOS RECIÉN CASADOS

Los casados "CASA QUIEREN". Es un proverbio muy utilizado en nuestra sociedad, para precautelar el bienestar de las familias recién conformadas; pese a ello, muchas parejas jóvenes e incluso personas maduras cometen el **GRAVISIMO ERROR** de vivir en la casa de los suegros bajo el argumento de ahorrar y mejorar su situación económica, siendo esas primeras semanas y meses vitales para que la flamante pareja se adapte y se complemente. Tarde son los arrepentimientos cuando la relación se hace insostenible e insoportable, por la intromisión de los suegros y cuñados(as), que no están conformes con los imperfectos hijos políticos y cuñados(as), por lo cual muchas veces se produce el fraccionamiento de esa familia recién conformada.

El respeto y la dignidad deberían ser los principales fundamentos para vivir separados de la familia de origen, porque por **respeto** a los padres políticos (suegros) y a la familia política, que no tienen por qué ver **la adaptación** y **complementación de la nueva pareja:** en lo sexual, económico, social y cultural; pues la nueva pareja debería vivir dentro la intimidad de las cuatro paredes de su habitación y sin testigos.

Esta decisión también debe ser por **dignidad,** ya que, si la pareja tuvo el valor de tomar una decisión tan fundamental como es el de formar una familia, es lógico que también asuman sus responsabilidades, obligaciones y derechos, que esta decisión conlleva y no pedir ayuda antes de nada.

El hecho de vivir solos como pareja, lejos de los padres, implica pasar, a veces, muchas necesidades, ya que empezar es difícil; pero también implica valorar el esfuerzo, cariño, trabajo y paciencia de la pareja.

EL ERROR DE LOS SUEGROS

Muchos suegros y suegras cometen el terrible error de aceptar en primera instancia a los recién casados en su casa, para luego meterse desvergonzadamente en la vida de esa familia recién conformada, defendiendo a uno(a) y atormentando a otro(a), no dándose cuenta que dan una estocada de muerte a esa pareja que está aprendiendo y mucho más, cuando hay hijos de por medio.

Esta actitud de los suegros es EGOÍSTA, porque no permite desarrollar en lo cognitivo y afectivo a la nueva pareja, no toman en cuenta que ellos mismos pasaron por esta situación. Si la idea es ayudar, se debe respetar el hecho de que el hijo o hija que tuvieron, tiene otra vida; ya no les pertenece, porque los hijos son prestados, hay que dejarlos ir por el camino de la vida.

CERTIFICADO PRE MATRIMONIAL

En nuestro país se debería implementar el certificado PRE-MATRIMONIAL, para REAFIRMAR el amor de la pareja y la seguridad de querer contraer matrimonio. Este certificado se debería otorgar a los novios a partir de una revisión física y mental, y de entrevistas respecto a la posición económica, social, religiosa y política de los futuros esposos. Si después de estos actos previos al matrimonio, los novios se aceptan, conociendo los defectos, cualidades y diferencias del otro, recién debería dárseles el permiso para casarse.

CAPÍTULO II
LA NATURALEZA GANADORA DE LOS HIJOS

Si bien nos enseñan en la escuela y en el colegio que el ciclo vital es: nacer, crecer, reproducirse y morir. Esto es muy cuestionable, porque esto lo hacen los animales y las plantas. Tal vez el ciclo vital de los seres humanos debería ser: nacer, crecer, **producir, disfrutar,** reproducirse y morir. Todo esto, porque el ser humano nace ganador, con potencialidades y cualidades, siendo capaz de transformar la naturaleza y el mundo.

CONCEPCIÓN

Es el momento en que el espermatozoide, que lleva la información genética del padre, fecunda al óvulo que lleva la información genética de la madre. Siendo este momento, en que los padres les transmiten a los hijos, por cuestión de herencia, sus características físicas, fisiológicas y psicológicas.

Se debe tomar en cuenta que el espermatozoide que fecunda y el óvulo fecundado son los MÁS FUERTES, LOS MÁS RÁPIDOS Y LOS MÁS RESISTENTES. **De ahí la**

naturaleza ganadora de los hijos, que son el resultado de la combinación del mejor espermatozoide y el mejor óvulo, que llevan la información genética tanto del padre como de la madre.

LO QUE PIENSA Y SIENTE EL SER EN GESTACIÓN

"Hace exactamente **veinticuatro horas** que soy una vida incoada. Por la voluntad de Dios he venido a existir. Mi padre y mi madre se unieron en un solo cuerpo y me estructuraron mediante una célula engendrada".

"Durante el **primer día** he dividido mi célula primitiva en dos, luego en cuatro y así sucesivamente, convirtiéndome en un complejo universo en mí mismo. Soy una imagen del Creador, hoy nací, ya no puedo morir".

"Quizá a esta altura de mi vida podría degenerar y ser vaciado en una hemorragia desde el vientre de mi madre, pero soy un ente completo y total".

"La concepción me ha otorgado el derecho de existir en el interior de una mujer, primero, y luego cuando tenga nueve meses de edad, salir al exterior y cumplir con el propósito para el cual fui engendrado; una existencia que solo yo puedo vivir y que nadie más puede vivir por mí".

"Soy único en mi género, nunca antes existí ni voy a existir otra vez, soy eterno e intrínsecamente indestructible. Por un acto de amor, he sido concebido para mostrar en mi desarrollo el milagro latente de la vasija que mis padres formaron, como receptáculo del espíritu que Dios ha puesto en mí".

"Soy micro celular, pero soy una persona. Traigo en mi interior talentos y capacidades sellados, que solo pueden ser abiertos y leídos por quienes me amaron y me engendraron".

"He sido creado para la eternidad, poseo todo un mundo de potencialidades que se desarrollarán de aquí en adelante".

"He sido concebido, amado y puesto aquí por Dios. El quiere protegerme y llegar conmigo a la finalización de un ser total. Soy tridimensional al tomar el cuerpo de mis padres, espíritu de Dios y llegar a ser un alma viviente".

"Me estoy reproduciendo y aunque aún no tengo mis facultades desarrolladas, ni cuerpo provisto de extremidades, soy una personalidad histórica. Desde hoy he comenzado a recorrer la larga senda de la existencia incoada en la obscuridad de un vientre, cuya gloria se manifestará el día de la resurrección".

"Soy solo un zigoto, pero tengo en mí inherente, el principio de la gloria de Dios. ¿Podría alguna criatura arriesgarse a hacerme morir antes de empezar a vivir?".

"La cavidad en que he sido puesto es demasiado grande para mí, pero iré creciendo hasta que mi madre me sienta. Entonces, en ese día señalado, que Dios ha diseñado para mi alumbramiento, veré a mamá como cuando el alba sorprende a la noche".

"Me he adherido a mi madre, como la prolongación de una vida que se extiende más allá de mi entendimiento. Creo que hay un mundo exterior donde no comenzaré a existir, sino prolongaré mi vida, pues ya estoy existiendo.

Tengo **nueve días** de edad y mi sexo se ha ido determinando. Soy semejante a mis padres, con todo un código genético de amor y de riqueza espiritual".

"Que hermoso será crecer en el vientre de un ser que me quiso albergar. Mi pequeño territorio está sujeto a la pared de la matriz. Mi minúsculo tamaño quizá sea desapercibido al ojo humano o a la consideración de los planes de los hombres, pero existo".

"Soy solo un huevo, pero tengo en mí, inherente, el principio de una vida indestructible".

"Hoy me he dado cuenta que poseo una raíz poderosa. Que siendo yo tan microscópico poseo un corazón que se comienza a formar, se está desarrollando poco a poco.

Me imagino que así nacen las montañas, que desde el mismo fondo de la nada y del todo, emergen las fuerzas atómicas de un nuevo mundo".

"Tengo mi propia vitalidad, mi propio empuje y la naturaleza me ha dotado de este centro maravilloso que me dice, que estoy vivo".

"Además de eso, siento una extraña y dulce sensación en mi cabecita, mis ojos se están desarrollando. Tengo **dieciocho días** de edad y siento que me voy transformando minuto a minuto. El misterio de la vida se va haciendo semejante a mamá. Ella no sabe que existo. ¡Que hermosa sorpresa le daré! Ella me comenzará a amar cuando sepa que estoy viviendo, Yo en cambio, ya la amo. Su corazón late para mí y sus ojos miran por mí. A donde va mamá, Yo voy. Si su corazón es compungido por el dolor y la tristeza, aquello me afectará. Si deja entrar por sus pupilas la luz de una ilusión o el resplandor de una mañana, mi alma se estremecerá y mi espíritu se fortalecerá para darme la fuerza del crecimiento".

"El proceso del desarrollo de mi visión ha comenzado y deberá seguir por un tiempo más, hasta que mis ojos estén acostumbrados a parpadear y estén completos. Cuando eso suceda y Yo nazca a la vida humana exterior, veré lo que más deseo ver desde que existo: el rostro de mamá".

"He tenido varios cambios. Los fundamentos de mi cerebro se están gestando, así como mi espina dorsal y mi sistema nervioso. Esto es maravilloso y ahora sé que es necesario para mí".

"Siempre necesito mirar más allá de mis propios horizontes, atisbar en la lejanía la gloria de un nuevo amanecer, aunque el alba sea ajena, aunque tenga que observar los frutos de otros árboles, quiero ser parte de la alegría de otros y sentirme suspendido en un éxtasis de participación".

"Quiero crear en mi futura mente nuevas imágenes con la existencia de otros seres, personas, seres irracionales o plantas, cualquier cosa que me produzca vida en mis propias intimidades, ya que serán el fuego que queme lentamente los dibujos de mis nuevas poesías. Yo soy así, activo, renovable y no me conformo con el ayer".

"Ya tengo **veinte días,** lo de ayer no sirve para hoy. Saco la arcilla de la creación y la tiro en la rueda de mi alfarería y creo cosas nuevas, a veces sin sentido, pero me satisfacen. Soy un universo en mi mismo porque millones de ideas nacen y mueren en mí, porque me complemento con otra vida, con la de mi madre, aunque quiero conocer a mi padre, pues estoy ligado a él por mi código genético; pero quiero conocerlo más. Quiero seguir extendiendo mi ramaje hacia el infinito, eternamente sediento de una experiencia nueva, de un concepto no escuchado, de una sinfonía producida por el palpitar de mi corazón que nace".

"Hoy cumplí **veinticuatro días** desde que me formé, hoy mi corazón comenzó a latir, a palpitar de emociones y de vida, de existencias escondidas y de esperanzas".

"Dios me ha provisto de un músculo importante para mi cuerpo, me dice que es cierto, que la vida me pertenece y que soy semejante a mamá. Ella también tiene un corazón. A veces siento que el corazón de ella palpita aceleradamente. ¿Será porque sufre? ¿Será porque anhela tener un bebé como yo? ¡Oh, mamá!, si supieras que yo existo. Te amo tanto".

"Sé que en la complejidad de la vida exterior que me espera, mi corazón tendrá un gran trabajo porque deberá funcionar hasta que mi cuerpo se niegue a seguir viviendo; aunque yo mismo siga existiendo en un ámbito infinito y más allá de la muerte".

"Ha de sentirse compungido si el dolor le acecha, ha de latir apresurado cuando por fin, en el cumplimiento del giro sentimental de mi adolescencia conozca un ser semejante a mí; pero con sexo opuesto al mío, mi corazón latirá fuertemente de amor.

"Hoy sé que tengo **treinta** y **cinco días** de vida. Pienso que uno de los milagros más grandes de la existencia es el sentir que la sangre fluye por mis venas. Es mi propia sangre. He crecido diez mil veces desde que me formé. Mi cerebro está tomando proporciones humanas, mis orejas, mi boca y mi nariz están tomando forma".

"Un día percibiré el tronar de un volcán, el rugir de un león, el suave aleteo de un colibrí y las vibraciones del silencio. Mi boca expresará el lenguaje de mis padres, todas las ideas serán conocidas a través de ese medio. Me alegrará el aroma de la tierra mojada después de la lluvia, el olor del césped regado por el rocío o el suave perfume de una rosa de mayo".

"He sido formado para experimentar y percibir con mis sentidos la magnitud de este misterio que llaman vida".

"Creo que por estos días mamá se dará cuenta que existo y llenaré de alegría su corazón".

"Poseo huesos que me permiten afirmarme y el cerebro me está ayudando a coordinar los movimientos de mis músculos y órganos. Qué hermoso es comenzar a vivir y a ser semejante a mis padres. Mis labios tienen ya mucha sensibilidad para darme cuenta de cosas que me rodean. Dios ha depositado en mí la demostración mayor del amor de los seres humanos: un beso. Y creo que mi adherencia a mi madre para beber de su leche será como un beso inmortal de armonías cuando haya de salir a luz".

"Apenas tengo **siete semanas** de vida y siento que mi existencia se va agigantando a medida que los días transcurren. Mi madre debe estar ansiosa por tenerme ya en sus brazos. Soy como el viento que llega de sorpresa a mover las alas de las aves".

"A las **once semanas** mi rostro ya puede hacer muchas expresiones. Una de ellas es la sonrisa. Sigo desarrollándome día a día, mis ojos ya tienen retinas y cristalinos, ya soy un poco más grande que la palma de una mano".

"Tengo **tres meses** de edad, nunca hubiese imaginado que Dios dibujaría en mis dedos las silenciosas huellas de mi identidad. Poseo huellas dactilares que me hacen ser diferente de los millones que ya nacieron y murieron, de los millones que están viviendo y los que existirán. ¡Oh, mamá! Cómo quiero experimentar mi propia vida en ese mundo exterior".

"Tengo tacto en mis manos, he descubierto que puedo aprisionar algo en mis manos. Hay algo que me complace mucho: succionar mi pulgar".

"Un día mis dedos se deslizarán por el rostro de mamá y aprenderé a conocer el relieve de sus labios que me besarán".

"Madre, muy pronto estaré contigo para amarte, gracias por quererme".

LO QUE NECESITAN LOS HIJOS PARA SER GANADORES

Los hijos al igual que cualquier ser humano necesitan ser valorados, respetados, amados, mimados, aceptados incondicionalmente, tener seguridad, paz y, por sobre todo, aprender de los padres con el buen ejemplo.

Todo esto aumentará su autoestima y con absoluta seguridad tendremos ganadores que harán de este mundo, un mundo mejor.

AUTOESTIMA Y CONDUCTA

Los hijos que tienen una elevada autoestima, se quieren; se aceptan como son, se consideran importantes y presentan las siguientes características:

- Se muestran seguros.

- Muestran madurez en sus acciones.

- Hacen sus cosas solos, actúan con independencia y son responsables.

- Están muy contentos y atentos a todo.

- Respetan a las personas mayores.

- Son creativos, sociables y conversadores.

- Pueden jugar solos.

- Son cariñosos y afectuosos.

- Son originales en su conducta.

- Responden bien en la escuela y en el colegio.

CAPÍTULO III
VALORES, MATRIMONIO Y DIVORCIO

En la actualidad se han perdido muchos valores que dan lugar a que las personas confundan ciertos conceptos vitales como la libertad con el libertinaje, el ser feliz con el placer del momento, el amor con hacer el amor, y podríamos agregar un largo etcétera.

En este fenómeno también caen los conceptos de la familia y el matrimonio que han ido perdiendo su verdadero significado y valor; por lo que el índice de divorcios se ha incrementado.

Es importante recordar que el día de la boda es una fecha importante en la vida de las parejas, pero no deben creer que el hecho de haberse comprometido por escrito para amarse hasta que la muerte los separe, les garantiza la felicidad, porque a veces esto no ocurre.

EL AMOR COMO VALOR FUNDAMENTAL DEL MATRIMONIO

El matrimonio debe tener como valor fundamental al amor, que implica pensar siempre en el ser amado, entregar nuestra vida al otro, nuestras alegrías, sueños y preocupaciones; pero fundamentalmente nuestros años. El amor, en otras palabras, es lo contrario del egoísmo o egocentrismo, ya que el amor es la donación al otro; la persona que ama se compromete a hacer feliz y mejor a su pareja, habiendo un compromiso pleno.

El amor también representa la fusión física, emocional y espiritual de dos seres. Amar es difícil, pero se debe aprender.

"El amor de los esposos, como todo verdadero amor se prueba con el sacrificio, a la hora de la enfermedad, del dolor, de la dificultad económica, de la incomprensión social y de tantas otras dificultades que ofrece la vida de cada ser humano".

DIVORCIO

Es el proceso judicial que disuelve un matrimonio y deja a los excónyuges con aptitud de contraer otro matrimonio.

EL PROCESO DE DIVORCIO Y LOS HIJOS

El proceso judicial del divorcio, es un proceso traumatizante para los excónyuges y los hijos; porque aparte de ser largo, es costoso y en la mayoría de los casos, va cargado de mucho rencor, porque quiérase o no, se afecta a los intereses de la otra parte y de los hijos. Muy pocos lo resuelven con un acuerdo transaccional y de manera civilizada.

En un proceso de divorcio, se definen los siguientes aspectos: la tenencia de los hijos, los días de visita, la asistencia familiar, la división de los bienes gananciales y la disolución del matrimonio.

Para los hijos el divorcio de los padres, representa una agresión hacia ellos, porque no se les consulta nada. Son testigos de la mezquindad y capricho de sus progenitores; los cuales recurren muchas veces a bajezas para salir airosos y victoriosos en el proceso de divorcio, mucho más si hay bienes obtenidos dentro del matrimonio.

Por esta razón, los hijos se angustian y se preocupan, siendo lo más probable que muestren: un bajo rendimiento en la escuela, peleas con sus compañeros, abandono de la escuela, consumo de bebidas alcohólicas, hurto, integrar pandillas juveniles y huir de casa; como protesta ante la actitud de los padres y como una forma de llamar la atención de sus progenitores para hacer que estos se reconcilien.

CAUSAS

Complejo de superioridad.

Inestabilidad emocional, que vuelve caprichosos a los cónyuges.

Falta de valores.

Egoísmo y capricho de uno de los cónyuges.

Poco esfuerzo de los cónyuges para solucionar problemas.

Desacuerdo en tener hijos o en la forma de criarlos.

Falta de dinero o mala administración del mismo.

Falta de comunicación y cariño en la familia. Falta de respeto por el matrimonio. Extremado feminismo y/o machismo. Infidelidad.

Problemas de vivienda o de convivencia que hagan imposible la intimidad matrimonial.

Excesivo apego a la familia de origen, anteponiéndola a la nueva familia constituida.

Preocupaciones derivadas del trabajo de uno de los cónyuges.

Consumo de bebidas alcohólicas y/o drogas.
Contagio de infecciones de transmisión sexual.

Rutina conyugal producida por esposos incapaces de vivir con alegría.

Diferencia de religión entre los cónyuges.

CONSECUENCIAS

Consumo de bebidas alcohólicas por parte de uno o ambos progenitores y de los hijos.
Fraccionamiento de la familia.
Discriminación y marginación social.
Pérdida de autoestima de la pareja.
Odio, rechazo y desconocimiento de los hijos a uno o ambos progenitores.

Hijos poco saludables, inestables, poco sociables y con problemas de conducta.
Traumas en los hijos.
Baja autoestima de los hijos.
Niños abusados y abandonados.
Niños con actitudes sexuales precoces, con tendencias suicidas y que muestran de adultos fuertes inclinaciones hacia el divorcio.

Hijos con miedo, depresión, agresividad, apatía, retraimiento y dificultades de aprendizaje.

Alto porcentaje de delincuencia juvenil.

Abandono de la escuela y el hogar antes de tiempo por parte de los hijos de padres divorciados.

Conflictos entre el hijo y el padrastro o su madrastra.

Dos hogares descuidados en la parte económica y afectiva. Odio entre los excónyuges.

Matrimonio de alto riesgo si es que los excónyuges rehacen sus vidas.

PERFIL PSICOLÓGICO DE LOS HIJOS DE PADRES DIVORCIADOS

Cuando los padres se separan o divorcian, los hijos con frecuencia cambian de actitud y de conducta; fundamentalmente para llamar la atención y como una forma de protesta ante una situación (divorcio o separación), que les privará del cariño de uno de sus progenitores.

Los hijos comprenden a muy temprana edad lo que está pasando a su alrededor y mucho más, si les dicen: **"eres igual que tu padre"**, **"eres igual que tu madre"**, **como verdaderos enemigos;** por lo cual sufren, se preocupan, se desesperan, se enferman y se frustran. Todo esto provoca en ellos, que no quieran comer, que lloren por las noches, que despierten sobresaltados, que se vuelvan agresivos, que insulten, que hablen palabras groseras, que rompan cosas, que pidan cosas a sus padres sin necesitarlas, que tengan problemas escolares (bajo rendimiento y deserción escolar) y que sufran trastornos en su personalidad (nerviosismo, ansiedad y temor excesivo).

CAPÍTULO IV

PRINCIPALES ERRORES COMETIDOS POR LOS PADRES

Los hijos **nacen** heredando tendencias e inclinaciones de los padres en el momento de la concepción, pero también **se hacen** porque la educación y las vivencias que tienen, modifican o refuerzan su personalidad y su carácter.

La primera educación que recibe el ser humano es en el hogar, es por eso que los padres son los primeros educadores de sus hijos. El comportamiento de los padres determina la conducta de los hijos. Si los hijos tienen problemas escolares, si son agresivos, si son rebeldes, si son coléricos, si son perezosos, si son mentirosos, si son inestables emocionalmente, si consumen bebidas alcohólicas, si consumen drogas, si se prostituyen, si son delincuentes, si no tienen valores y un largo etcétera, es simplemente una **consecuencia** de la brusquedad, conducta licenciosa, incomprensión, intolerancia e impaciencia de los padres que tienen.

Algunos padres cometen muchos errores en la formación de sus hijos, a tal punto de ver y hacer sentir a los hijos como **ENEMIGOS,** provocando en sus descendientes infelicidad. Entre estos errores podemos mencionar:

LAS DISCUSIONES DELANTE DE LOS HIJOS

Las discusiones delante de los hijos generan un gran malestar, porque ellos sienten que en el hogar no existe armonía ni amor y como padres se desacreditan frente a los hijos, quienes como esponjas captan todo lo que los padres se dicen; mucho más si existen frases HIRIENTES Y GROSERAS de por medio. Con este tipo de discusiones los padres pierden autoridad frente a los hijos. Si los hijos emplean las mismas palabras groseras e hirientes, es porque tienen una "maravillosa" escuela en su hogar.

EL MAL EJEMPLO DE ALGUNOS PADRES

Los padres deben educar con el ejemplo, porque son observados y escuchados constantemente por sus hijos. El hecho de utilizar palabras groseras e hirientes, golpear a la pareja o llegar ebrio, es sin duda, traumatizante para el hijo; pero, a la vez, es una escuela que imitará. Si por algún caso el hijo emplea términos groseros o llega ebrio a casa, ¿con qué moral se le tendría que llamar la atención?

LA FALTA DE TIEMPO DE LOS PADRES

Por cuestiones de la difícil economía de nuestro país, PADRES Y MADRES se pasan trabajando todo el día, de sol a sol, incluso algunos **viajan al extranjero** para mejorar su situación económica. Todo para costear la alimentación de la familia y la educación de los hijos principalmente; pero descuidan la parte afectiva y emocional del niño o adolescente que quiérase o no, ya es un ABANDONADO;

porque le falta amor y orientación; y eso es vital para su normal desarrollo.

Cuando los hijos no reciben cariño de los padres buscan afecto fuera del hogar, tratando de llamar la atención de sus profesores y compañeros, siendo unos eternos insatisfechos y a menudo inestables emocionalmente. Estos hijos buscan cariño, seguridad y refugio con otros como ellos (abandonados), por lo cual fácilmente pueden incurrir en inconductas, consumo de bebidas alcohólicas, consumo de drogas, violaciones, delincuencia juvenil e incluso la prostitución.

En el caso de las madres solteras y viudos(as) el asunto es muy grave, porque dejan a los hijos en guarderías o bajo el cuidado de una tía o la abuelita, quienes jamás reemplazarán el trabajo de una madre amante y laboriosa con sus hijos o de un padre sincero que sabe hacerse amigo de sus hijos.

LOS HIJOS PERFECTOS Y LA COMPARACIÓN

Antes de que los hijos nazcan, nosotros los padres ya tenemos planes sobre la educación que recibirán y que es lo que esperamos de ellos; pero ya cuando nacen, las cosas no son tan sencillas, sino complejas; y a partir de esta situación, como padres nos sentimos frágiles y frustrados por las imperfecciones que vemos en nuestros hijos.

No existen hijos ni padres perfectos, por esa misma razón debe haber tolerancia en cuanto a las expectativas que tenemos respecto a la educación y futuro de nuestros hijos. Debemos ser realistas con las potencialidades y limitaciones de ellos, comprendiendo los errores que pudieran cometer, así como darles a conocer que hagan lo que hagan siempre los vamos a querer. Por estas razones, se debe respetar la individualidad de los hijos y no compararlos con los otros hermanos o con los hijos de los vecinos, señalando: "por qué no eres como tu hermano, él sí es estudioso y disciplinado", "por qué no eres como el hijo del vecino, él no es flojo". Con esta actitud el hijo se sentirá rechazado y lo más probable es que se ahonde el problema.

LA VALORACIÓN DE LOS HIJOS

Los hijos deben sentirse queridos y valorados, pero, a veces, los padres se olvidan de elogiar sus buenas acciones; solo se limitan a criticar y refutar las acciones malas. Es importante darles a veces, una palmadita en la espalda y decirles: "tú eres mi orgullo, eres lo mejor que tengo", ya que eso levantará su autoestima y su confianza.

Los padres no deben cometer el error de utilizar algunas frases hirientes que pueden MATAR moralmente al hijo y hacerlo un perdedor, como ser:

"Hijo no lo hagas, es difícil, no vas a poder."

"Ya ve, te lo dije, eres un inútil."

"Eres un burro, ni eso puedes."

"No sabes hacer nada."

"Nunca llegarás a ser algo en la vida."

"Eres un vago, igual que tu padre."

"Eres una floja, igual que tu madre."

"Deberías ser igual que el hijo del vecino, él sí es estudioso."

"Tu hermano no era así."

"Pareces hombrecito y no una niña."

"Deberías haber nacido mujercita y no varón."

"Hijo estoy con mi compadre, anda y cómprame dos cervezas."

"Las mujeres solo sirven para la cocina y no para la escuela."

"Si vos no hubieses existido, no tendría ningún problema."

"Tu padre no te quiere, como te quiero yo." "Tu madre es mala y por eso nos abandonó."

"Eres malo, por eso tu padre nos abandonó."

"Tu madre murió porque le hacías renegar demasiado."

"No puedes salir con tus amigos, porque te pueden atropellar."

"Hija, te acompañaré a la tienda porque no quiero que te encuentres con alguna de tus amiguitas."

"Esos profesores son unos flojos e irresponsables."

"Todos los varones siempre beben cerveza, eso es normal hijo."

LA POCA CONFIANZA Y LA FALTA DE LIBERTAD

La excesiva sobreprotección y la falta de libertad de los hijos genera dependencia, pérdida de autoestima y falta de confianza; ya que no desarrollan sus potencialidades y habilidades. En estos casos los hijos reprimen muchas de sus inquietudes y habilidades, por tal razón son presas fáciles de los peligros que acechan su entorno.

Generalmente los niños y jóvenes que son sobreprotegidos, son presa fácil de compañeros y gente inescrupulosa que los puede introducir al mundo de la delincuencia, consumo de bebidas alcohólicas, consumo de drogas, hurto, embarazos no deseados e incluso la prostitución. Todo esto porque les faltó la experiencia de cuidarse solos y solucionar sus problemas con autonomía, porque les faltó la orientación y guía necesaria de los padres, que solo se limitaron a sobreprotegerlo; no le dieron la confianza necesaria para que él/ella solucione sus problemas.

DESCONFIANZA DE LAS HABILIDADES DE LOS HIJOS

Un padre siempre debe confiar en las habilidades de los hijos, apoyarlos y orientarlos en todas las actividades que emprendan y experiencias directas que tengan, pero, a veces, los padres solo critican y desconfían de las habilidades de sus hijos, utilizando frases como: "no vas a poder, no lo hagas". Hay que confiar en los hijos, nadie nace sabiendo, todo se aprende. Los padres deben comprender los errores que cometen sus hijos al empezar una actividad cualquiera.

EL CONSUMO DE BEBIDAS ALCOHÓLICAS

Muchos padres cometen el error de llegar constantemente ebrios a sus hogares y armar tremendos escándalos, que son traumatizantes para los hijos; en el peor de los casos agreden física y verbalmente a la pareja y a los hijos, incluso los obligan a comprar cervezas y tragos. En algunos casos los padres comparten bebidas alcohólicas con sus hijos (jóvenes o mayores), lo cual es una falta absoluta de respeto.

Si se dan estos casos, siendo los padres modelos a imitar por parte de los hijos, no se sorprendan que ellos lleguen ebrios, hablando malas palabras, poniendo música a todo volumen, no los respeten, se escapen de sus hogares, se casen muy jóvenes, se introduzcan al mundo de la prostitución, las drogas y la delincuencia.

HABLAR MAL DEL PADRE O DE LA MADRE A LOS HIJOS

Uno de los grandes errores que cometen los padres cuando están casados o cuando la familia se ha desintegrado, es hablar mal del padre o de la madre utilizando estas frases: "tu madre es una p... solo le interesa el dinero", "tu padre nunca te ha querido", "tu padre es un mal hombre", "tu padre es un borracho", "tu madre nos abandonó por otro hombre", "tu padre es un infiel y un mujeriego", "si tu madre no hubiese estado embarazada, nunca me hubiese casado con ella", "tu madre tiene el deber de estar en la casa y no salir, es una mujer casada", "¿por qué tu madre se arregla tanto para salir?", "tu madre no sabe de estas cosas, porque es propio de machos", etc.

Estas expresiones y actitudes generan: **hijos celosos e inestables** que no permiten que personas del otro sexo se acerquen a uno de sus progenitores; **hijos promiscuos sexualmente,** porque ven a las personas del otro sexo simplemente como objetos sexuales; **hijos agresivos** y **rebeldes,** porque su frustración hace que agredan a otros y rechacen la autoridad paterna; **bajo rendimiento escolar** porque les preocupa los conflictos que hay en la familia; **odio** y **rechazo a uno de los progenitores,** por lo cual desconfían de todos los padres o de todas las madres y **chantaje a los padres,** porque les piden cosas que no necesitan o **disimulan enfermarse** para llamar la atención y expresar su protesta.

EXCESIVA PRESIÓN POR EL RENDIMIENTO ESCOLAR

Muchos padres cometen el error de presionar excesivamente a los hijos por su rendimiento escolar, **sin ver realmente las limitaciones que tienen.** Exigen y presionan tanto a los hijos que ellos se sienten frustrados, convirtiéndose la escuela en una experiencia negativa y traumatizante.

Se debe tomar en cuenta que el rendimiento escolar está sujeto a diversos factores como ser: alimentación, impedimentos físicos, motivación, armonía familiar y disciplina demasiado flexible o extremadamente vertical.

Es importante señalar que las **notas no siempre reflejan la verdadera capacidad de los estudiantes,** solo reñejan su grado de adaptación.

Los padres siempre desean que sus hijos se superen como personas, por lo cual los apoyan en sus estudios. Es importante el estudio de los hijos, pero es más importante su FELICIDAD, ya que ellos deben ver la escuela y el colegio como un lugar de preparación integral para triunfar; ni siquiera dentro el colegio, sino FUERA del colegio, donde sobreviven solo los más fuertes, los más preparados en lo académico, en experiencias, en criterios, con carácter y con una formación espiritual. **POR TODO ELLO, PADRES: "SEAN TOLERANTES CON SUS HIJOS EN CUANTO A SUS ESTUDIOS (ELLOS DEBEN ESTUDIAR POR NECESIDAD Y NO POR OBLIGACIÓN). MIENTRAS**

NO ENCUENTREN ESE NORTE, DEBEN VIVIR FELICES Y NO EXCESIVAMENTE PRESIONADOS".

SOBREPROTECCIÓN A LOS HIJOS

Existen padres que sobreprotegen a los hijos, los miman demasiado, no les dejan hacer nada sin que ellos estén presentes, no los dejan ir a la tienda ni a la escuela solos. Tampoco los mandan al cuartel, provocándoles un gran daño emocional, porque no saben adaptarse a situaciones nuevas, no saben tratar a las personas, no tienen aspiraciones ni sueños y no saben defenderse ni luchar en la vida, por esa misma razón tienen problemas.

PADRES: NO PIENSEN QUE VAN A ESTAR CON SUS HIJOS TODA LA VIDA, NO SEAN EGOÍSTAS Y DEJEN QUE SUS HIJOS SE DESARROLLEN; NO PIENSEN EN SU FELICIDAD INMEDIATA, SINO EN SU FELICIDAD MEDIATA (A FUTURO).

BRUTALIDAD Y RIGIDEZ

Muchos padres rígidos y autoritarios que no admiten error alguno, **como si ellos fueran perfectos,** siguen castigando a sus hijos con chicotazos, sopapos, pellizcones y puñetes. No comprenden que esta forma de actuar puede generar en los hijos dos tipos de reacciones: la **imitación,** ya que se imita la conducta de los padres, porque se pone a golpear a sus compañeros, amigos e incluso a niños menores; es completamente agresivo, porque piensa que esa conducta es normal. Cuando son adultos replican lo enseñado por los padres en contra de los hijos y sus parejas; en el caso de las hijas que se convierten en esposas, tienen esa tendencia de irritar al esposo para que estos les griten, injurien e incluso las golpeen (solo así están satisfechas), porque eso hacía el padre; siendo en este caso, el marido un substituto inconsciente del padre.

La otra reacción es el **miedo,** ya que se teme a todas las personas mayores (profesores, padres, tíos, compadres y vecinos). Este miedo genera en los hijos una extrema timidez y un complejo de inferioridad, por lo que generalmente tienen miedo de hacer las cosas (son inseguros) por temor a fallar y ser castigados; pero lo peor del caso, es que si hacen algo, esperan casi siempre el fracaso; hacen las cosas de mala manera porque creen ciegamente que van a fracasar.

Estos hijos tratados con brutalidad y rigidez, nunca son alabados ni recompensados por sus padres cuando han hecho las cosas bien y eso ahonda el problema.

GRITOS Y MALAS PALABRAS

Si los padres gritan y emplean malas palabras, lo más probable es que los hijos también hagan lo mismo, porque imitan a sus progenitores. El gritar y utilizar términos groseros delante de los hijos, implica que el padre o la madre no tiene la razón, no tiene la autoridad suficiente y no tiene una formación adecuada.

Por estas razones, padres, piensen bien en los términos que van a emplear delante de los hijos y procuren no gritar.

CRÍTICA DESTRUCTIVA A LOS PROFESORES.

Una crítica destructiva e insulto infundado de un padre hacia un profesor, delante de su estudiante, es un acto criminal, pues además de quitarle autoridad, lo desprestigia, provocando en el profesor una falta de entusiasmo y motivación para seguir enseñando.

Por otro lado, no sería nada raro escuchar al estudiante decir: "el profesor me reprobó sin justificación alguna, pero mamá, tú ya lo conoces, sabes lo irresponsable y poco profesional que es"; siendo en este caso la perfecta excusa para reprobar el curso o grado.

VIOLACIONES A MENORES

De manera frecuente las violaciones a menores suceden en las casas de estos. Son ejecutadas generalmente por personas cercanas a la familia, como ser: padres, padrastros, tíos, hermanos, hermanastros y amigos muy cercanos. En el caso particular de los adolescentes, pueden ser llevados a cabo en sus propios domicilios, domicilios ajenos y lugares alejados, vacíos y oscuros.

Por otro lado, se debe evitar llevar al hogar (que debe ser sagrado) a personas desconocidas, a quienes se acaba de conocer, amigotes y compañeros de trabajo **en estado de ebriedad,** porque: "confianza, ni en la camisa".

En caso de darse una violación a un menor, se debe dar a entender a la hija o hijo, que ella o él, no tuvo la culpa de nada y que esas desgracias pasan. Si se da una violación a un(a) menor de edad, los padres no deben cometer el error de no denunciarlo por temor al que dirán o simplemente llegar rápido a un acuerdo transaccional **económico,** en tal caso, "la víctima (hijo o hija) sentirá que sus padres no lo(a) quieren, ni lo(a) respaldan y no les importó lo que le sucedió". La reacción no se hará esperar por parte de la persona afectada (violada), pues a partir de ese momento se mostrará rebelde y agresivo(a) con sus padres.

En estos casos, lo más probable es que estos niños, niñas y adolescentes violados, cuando crezcan sufran algunos trastornos en su personalidad o tengan problemas sexuales, siendo importante un trato discrecional y criterioso por parte de los demás miembros de la familia.

PROBLEMAS SEXUALES EN LOS HIJOS

El machismo del papá y el feminismo de la mamá son dos posiciones extremas y radicales, que influyen de manera negativa en los hijos. El machismo pregona la superioridad de los varones en desmedro de las mujeres, lo cual implica que los varones pueden embriagarse, golpear, humillar, engañar a las mujeres, viéndolas como seres inferiores o simplemente como objetos sexuales; no tolerando para nada tendencias homosexuales en sus hijos. Mas, el feminismo implica todo lo contrario.

Estas posiciones extremas crean problemas sexuales en los hijos, que van desde la homosexualidad, la ninfomanía, la satiriasis, la frigidez, la masturbación, la impotencia sexual, el contagio de I.T.S., hasta el sadismo, el masoquismo, el sadomasoquismo, entre otros.

La promiscuidad sexual y la violencia sexual también influyen de manera negativa en los hijos, porque forma futuros golpeadores de esposas e hijos, y promiscuos sexuales sin moral y sin sentimientos. Todo esto debido a que los hijos son testigos de la falta de armonía familiar, escenas conyugales violentas, promiscuidad sexual, excesivo consumo de bebidas alcohólicas e infidelidad.

RELIGIÓN Y SEXUALIDAD

Generalmente los religiosos relacionan todo lo relativo con sexo, sexualidad y relaciones sexuales con algo sucio y pecaminoso; no comprendiendo que con esta actitud generan en los hijos un fuerte rechazo a sus impulsos sexuales, que pueden agravarse por influencia del medio y generar problemas sexuales posteriores, ya sea en la juventud o adultez, como la frigidez, impotencia sexual, satiriasis, ninfomanía, pedofilia, etc. Esto debido a la privación sexual que sufrió en el pasado y la necesidad de ser amado(a) y aceptado(a). También se da por una educación deficiente donde se jerarquiza la espiritualidad del amor y no el amor en su amplio sentido que incluye la expresión física.

RECETAS PARA FORMAR UN DELINCUENTE

- Dar al hijo todo lo que desea, sin excepción.

- Cuando diga una palabra grosera, ríase.

- Espere a que crezca para corregirlo.

- Nunca le llame la atención sobre una falta cometida.

- Recoja todo lo que haya tirado y desordenado.

- Permítale leer cualquier libro o revista que llegue a sus manos.

- Discuta y pelee frecuentemente en presencia de sus hijos.

- Déle bastante dinero, para que lo gaste libremente y no deje que él mismo gane su propio dinero.

- Satisfaga todos los deseos y caprichos de sus hijos, ya sea de alimento, bebida y comodidades.

- Cuando su hijo haya cometido faltas o se haya metido en problemas, defiéndalo a capa y espada frente a vecinos, maestros y policías.

- Cuando su hijo se haya tropezado levemente, levántelo.

- Sobreprotéjalos y no deje que tengan obligación alguna, dentro como fuera de la casa.

- Compare a su hijo con sus propios hermanos o con los hijos de los vecinos.

- Golpee, insulte y amenace a su hijo delante de sus amigos, compañeros, vecinos y familiares.

- Embriáguese, mienta y hable palabras groseras delante de ellos.

CAPÍTULO V

LOS HIJOS Y LA VIOLENCIA FAMILIAR

La familia es un grupo social reducido donde la acción de cualquiera de sus integrantes afecta a todos, originando reacciones y contrareacciones. Para que exista armonía en la familia, se necesita que todos sus integrantes pongan de su parte para construir una "familia feliz".

Si uno de los miembros de la familia no pone de su parte, inminentemente se llega a la violencia familiar, que implica peleas, amenazas, insultos, discusiones, agresiones y muerte.

Las principales víctimas de la violencia familiar son las mujeres y los hijos. La violencia familiar que se ejerce contra los hijos, INFLUYE DE MANERA NEGATIVA en su desarrollo físico, psicológico, moral y social.

LOS HIJOS, PRINCIPALES VÍCTIMAS DE LA VIOLENCIA EN LA FAMILIA

Existen cuatro clases de violencia familiar contra los hijos y estos son: violencia física, violencia psicológica, violencia moral y violencia sexual.

VIOLENCIA FÍSICA.

Se expresa cuando los padres golpean a sus hijos y estos son:

Dar patadas, puñetes, sopapos, empujones, jalar de las orejas y pellizcar a los hijos.

Retorcerles el brazo.

Provocar heridas con correas, palos y objetos punzocortantes.

Cuando los hijos son agredidos físicamente por los padres, **LLORAN** para expresar su dolor, rabia, desesperación, miedo e impotencia. En otras ocasiones contienen su llanto para evitar dar gusto a los padres y sentirse vencidos por ellos. En ambos casos, padres e hijos pierden porque se maltrata no solo lo físico, sino también, lo moral, lo emocional y lo espiritual.

Los padres con esta forma de proceder, destruyen la **autoestima** de los hijos y consiguen que **padres e hijos se alejen.**

Golpear a un hijo es un acto irracional y cobarde, es imponer la ley del más fuerte, es enseñar que todo se consigue con violencia, de forma que estamos formando un futuro padre golpeador; pero por sobre todo, estamos fallando en la misión que Dios nos encomendó como padres.

VIOLENCIA PSICOLÓGICA

Se expresa cuando los padres insultan verbalmente y mediante gestos a los hijos, realizan actos reñidos contra la moral y les impiden realizar determinados actos, y estos son:

Llegar constantemente ebrio a la casa.

Cerrar la casa.

Controlar tormentosamente las amistades de los hijos.

Humillar de manera privada y pública a los hijos.

Controlar las llamadas telefónicas.

Control excesivo de las actividades de los hijos.

Obligar a los hijos a ver cómo maltrata a la madre o al padre.

Elegir la ropa de los hijos, exigir que los hijos piensen, sientan y actúen igual que uno de los progenitores.

Llamar al hijo inútil, vago, tonto, bueno para nada, mantenido, malcriado, mal hijo y cualquier insulto de grueso calibre.

Indiferencia de los padres con los hijos.

No permitir que salga a fiestas.

Destruir los objetos apreciados por los hijos.

No permitir que los hijos estudien.

No darles dinero intencionalmente.

La violencia psicológica duele más que la violencia física porque se mata moral, emocional y espiritualmente a los hijos. La violencia psicológica no se olvida, queda para siempre en nuestro inconsciente, saliendo a relucir a corto, mediano o largo plazo.

Los padres no deben gritar a los hijos ni discutir delante de los hijos. Los que gritan es porque han perdido autoridad, el control de la situación y no saben lo que es el respeto.

VIOLENCIA MORAL

Se expresa cuando los padres amenazan a los hijos y estas amenazas son:

Amenazarlos de muerte.

Amenazarlos con abandonar en cualquier momento el hogar.

Amenazarlos con encerrarlos en un cuarto oscuro.

Amenazarlos con utilizar armas, cuchillos, palos, botellas y otros objetos para dañarlos.

Amenazarlos con no darles dinero para su alimentación y estudios.

Amenazarlos con hacer un escándalo delante de sus amigos y compañeros de colegio.

Amenazarlos con no dejarlos salir con sus amigos, familiares o a su trabajo.

Amenazarlos con revelar un secreto oscuro del hijo. Amenazarlos con suicidarse.

Si los padres necesitan cultivar disciplina y valores en los hijos, deben educarlos con el ejemplo y con la sanción moral. Los padres son héroes para sus hijos, pero cuando los tratan con violencia, los decepcionan.

VIOLENCIA SEXUAL

Se expresa cuando los padres maltratan sexualmente a los hijos, simplemente en razón del sexo que tienen y estos son:

Insultos y agresiones físicas a los hijos, solo por ser varones o mujeres.

Prostitución infantil.

Corrupción de menores.

Promiscuidad sexual en la familia.

Muchas parejas son estériles, no tienen la suerte de tener hijos; en cambio, otros no valoran los hijos que tienen, rechazándolos simplemente por ser varones o mujeres por los prejuicios que tienen, no sabiendo que la vida es muy relativa y que un día ese hijo rechazado o hija rechazada puede cambiar el mundo, para hacerlo mucho mejor y por consiguiente, ser un orgullo para los padres. Los padres no toman la decisión de traer hijos al mundo ni que sean varones o mujeres, es Dios que les da ese regalo, ¿Despreciarías tú, insensato, un regalo de Dios?

CAUSAS.

Las principales causas de la violencia en la familia son: El consumo de bebidas alcohólicas. El uso de drogas.

Falta de relaciones sexuales con la pareja y/o mantener un ritmo adecuado.

Falta de denuncia a los organismos especializados.

Pseudomoral y prejuicios respecto a la sexualidad y relaciones sexuales.

Excesiva intromisión de la familia de origen (suegros y hermanos) y apego de la pareja a la familia de origen.

Falta de agradables experiencias sociales, deportivas y culturales, como familia y pareja.

Idea errónea de que lo económico debe ser el pilar fundamental de la familia.

Presión extrema de la pareja por lo económico.

Falta de comunicación.

Los celos.

Los problemas económicos y laborales.

La muerte de uno de los miembros de la familia por la negligencia de uno de los progenitores.

Los problemas de uno de los miembros de la familia como ser: enfermedad, vicios, trabajo, etc.

El grado de formación de los padres e hijos.

Inestabilidad emocional de la pareja.

Frustraciones de la pareja.

Traumas anteriores al matrimonio.

Falta de un conocimiento cabal del rol de ser esposos.

Falta de cariño, comprensión y apoyo de la pareja.

Infidelidad.

Abandono de la pareja.

CONSECUENCIAS

Las principales consecuencias de la violencia en la familia son:

El fraccionamiento de la familia y abandono de los hijos.

Niños en la calle y de la calle.

Problemas en la escuela y bajo rendimiento escolar.

Deserción escolar.

Consumo de drogas, bebidas alcohólicas y cigarrillos por parte de la pareja o hijos.

Delincuencia Juvenil.

Prostitución de la pareja y de los hijos.

Embarazos no deseados.

Exclusión social y discriminación.

Procesos judiciales costosos y cargados de mucho rencor.

Enemistad entre las familias de origen.

Pérdida del trabajo y bajo rendimiento laboral.

Traumas en los hijos y en la pareja.

Frustración personal.

Lesiones graves y muerte.

EL HECHO DE TENER UN PADRASTRO O UNA MADRASTRA

Los segundos matrimonios o segundos concubinatos son de alto riesgo, porque los padrastros y madrastras ven en los hijos de sus parejas el antecedente previo en la vida de sus parejas; ven en el hijo varón, al hombre que existió en la vida de la que ahora es la actual esposa y ven en la hija, a la mujer que existió en la vida del que ahora es el actual esposo; y mucho peor si el anterior esposo o esposa sigue frecuentando a la ex pareja por cuestiones de asistencia familiar y visitas judiciales. Esta situación también genera **violencia en la familia,** donde sin lugar a dudas, los hijos son la parte más afectada, porque son víctimas del maltrato de sus padrastros o madrastras y en algunos casos de sus propios progenitores.

Es importante recordar a los padrastros y madrastras que los hijos de sus parejas no tienen la culpa de nada; ellos no pidieron venir al mundo ni tomaron las decisiones equivocadas de los padres, por lo cual si uno va a formalizar una relación de pareja con una persona que tuvo **un ANTECEDENTE FAMILIAR PREVIO Y QUE TIENE HIJOS, PIÉNSELO BIEN. Si la acepta, no llore ni reclame nada como pareja o como PADRASTRO O MADRASTRA; usted ya sabía a lo que se estaba metiendo, no sea tan cretino(a) y criminal para maltratar a los hijos de su pareja. También debe tomar en cuenta que SI USTED FUE UN CURA, RECIÉN PIDA QUE SU PAREJA SEA UNA MONJA o viceversa.**

Si una **persona con hijos** quiere darse una segunda oportunidad para ser feliz, **PIENSE EN LA FELICIDAD DE SUS HIJOS ANTES QUE EN SU PROPIA FELICIDAD; NO SEA EGOÍSTA. ESO ES SER**

PADRE O MADRE, Y ESCOJA BIEN A LA NUEVA PAREJA, NO SE EQUIVOQUE NUEVAMENTE.

VIOLENCIA FAMILIAR Y AUTOESTIMA.

Los hijos que viven en un ambiente familiar donde reina la violencia, tienen una baja autoestima, por lo que presentan las siguientes características:

- Se muestran inseguros e inmaduros.

- Son tímidos, miedosos y rencorosos.

- Nunca quieren jugar y hacer las cosas solos.

- Tienen bajo rendimiento escolar.

- Son muy dependientes de los padres, en especial de la madre.

- Son frivolos y poco afectuosos.

- No se quieren ni se aman, desvalorizando su personalidad.

- Tienen problemas de concentración y de atención.

- Antes de competir ya se encuentran derrotados.

PARA QUE ENTIENDAS LOS EFECTOS DE LA VIOLENCIA FAMILIAR.

Una familia se había comprado un auto nuevo, un carro 0 kilómetros, hermoso por donde se mire; el tapizado, el color, todo. El padre amaba ese auto, todo su esfuerzo estaba allí.

Un día salieron de paseo el papá, la esposa y el hijo que tenía tan solo tres años de edad. Llegando a una estación de servicio bajan los padres y dejan al niño en el auto

cerrando las puertas, el niño encontró un marcador de color oscuro y comenzó a escribir en todo aquel hermoso tapizado con un gran entusiasmo y amor, ya
que los niños hacen sus cosas en esa condición. Después de un rato, regresan los padres; y el padre, al ver el hermoso tapizado de su auto todo rayado, comenzó a golpear al niño en las manos, con tanta ira y fuerza, que tuvieron que sacarle al niño de entre sus golpes.

El niño estaba en mal estado, tuvieron que hospitalizarlo. Las cosas se complicaron, por lo que le informaron al padre que no tuvieron otra opción que amputarle las manos de su hijo.

Entrando el padre al cuarto del hospital lleno de lágrimas, el niño sonriéndole, le dijo: "hola papito, ya aprendí la lección, te prometo que ya no lo vuelvo a hacer; pero por favor devuélveme mis manitos". El padre salió de esa habitación y se suicidó.

Las personas, a veces, le damos mucha importancia a las cosas materiales, no nos damos cuenta que con esto hacemos daño a nuestros seres queridos; pero sobre todo, llegamos a lastimar a quienes no se pueden defender (hijos).

CAPÍTULO VI
EL ABORTO

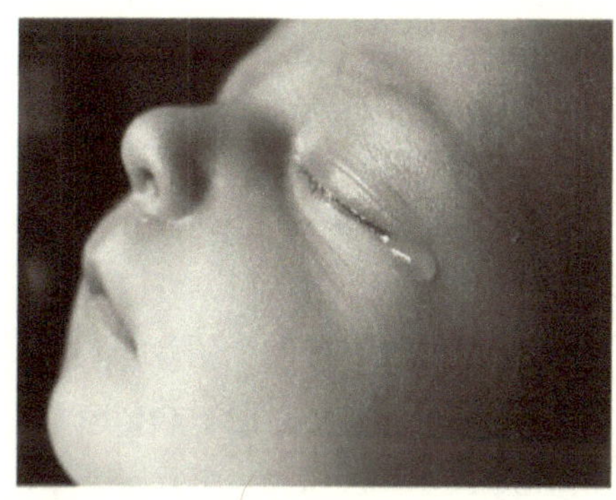

El aborto es uno de los problemas sociales más actuales de nuestra sociedad, que afecta directamente a las familias, a los padres, a los hijos y a las relaciones de pareja.

El aborto es un delito penal practicado de manera clandestina por personal no especializado y bajo condiciones higiénicas deplorables.

Muchos tratadistas consideran que el aborto solo se puede dar hasta los 5 meses de gestación, porque de lo contrario sería un infanticidio (matar a un infante).

CONCEPTO

El aborto es la interrupción del embarazo, que consiste en la expulsión del embrión fecundado o feto fuera del vientre materno antes de que éste pueda subsistir por sí solo.

Se denomina embrión solo hasta los dos meses y de ahí para adelante, se lo considera como feto.

CLASES DE ABORTO

Existen dos clases de aborto: el aborto espontáneo y el aborto provocado.

ABORTO ESPONTÁNEO

Es cuando la madre no desea perder a su hijo, pero igual lo pierde debido a una caída, enfermedad, emoción violenta, fiebre o por ingerir una sustancia indebida.

ABORTO PROVOCADO O INDUCIDO

Es cuando la madre desea perder a su hijo en un aborto, debido a problemas personales, laborales, familiares, sociales, culturales, económicos y médicos.

FORMAS EN LAS QUE SE PROCEDE A UN ABORTO

Existen 4 formas en las que se procede a un aborto y estas son: Por raspaje o curetaje, por succión al vacío, por envenenamiento salino y por una mini cesárea.

POR RASPAJE O CURETAJE

En esta forma, se introduce una especie de cuchara con puntas filosas, que se denomina cureta, para despedazar al nuevo ser y sacarlo en pedacitos; lo único que no se despedaza es la cabecita, para lo cual se introduce una especie de tijera con puntas planas denominada fórceps para despedazarla. Una vez despedazada se introduce nuevamente la cureta para sacarla en pedacitos.

POR SUCCIÓN AL VACÍO

En esta forma, se introduce en el vientre materno una especie de sonda, que tiene la fuerza suficiente para despedazar al nuevo ser, succionándolo hacia un recipiente, por no decir, un basurero. Lo único que no despedaza es la cabecita, por lo cual se introduce el fórceps para despedazarlo y nuevamente se introduce la sonda para succionar los restos del nuevo ser.

POR ENVENENAMIENTO SALINO

En esta forma, se inyecta una sustancia salina en el líquido amniótico de la placenta, que quema al feto. Una vez muerto el feto, sale expulsado de manera automática, porque el organismo expulsa a toda sustancia inerte dentro de él.

POR MINI CESÁREA

En esta forma, que generalmente se efectúa cuando el grado de gestación está avanzado, se realiza una incisión en el vientre materno para sacar al feto vivo, pero como el objetivo es matarlo, simplemente se lo deja morir.

Todas estas formas son igual de crueles, porque el ser en gestación sabe lo que le espera y son igual de peligrosas para las madres.

CAUSAS

FISIOLÓGICAS

Se refiere a que si el organismo de la madre no está suficientemente maduro, lo más probable es que dé a luz a través de una mini cesárea. Esta puede ser la causa para que una madre pueda someterse a un aborto.

PSICOLÓGICAS

Se refiere al hecho de que la futura mamá no está preparada emocionalmente para ser madre y que ese mismo hecho de verse embarazada la vuelve irritable, nerviosa, hipersensible y agresiva, porque ya no puede hacer muchas de las cosas que hacía antes de estar en estado de gravidez, como: bailar, ir a pasear con sus amigas, ir de excursiones, ir al cine, etc. Todo esto puede hacer que la futura mamá tome la decisión equivocada de someterse a **un aborto.**

SOCIALES

Se refiere fundamentalmente "al qué dirán" los demás. Esta presión social complementada con la falta de apoyo de la familia puede ocasionar que la persona tome decisiones equivocadas, como ser: ingresar al mundo del alcoholismo, la drogadicción, la delincuencia, la prostitución e incluso someterse a un aborto.

ECONÓMICAS

Se refiere a que la extrema pobreza de algunas familias, en particular de las madres gestantes, puede ser la causa de una práctica abortiva, pero no en todos los casos.

IGNORANCIA

Se refiere a que una mujer puede someterse a un aborto porque ignora las consecuencias que le puede acarrear una mala práctica abortiva. Si tuviese un conocimiento cabal de las consecuencias, tal vez tomaría otra decisión.

CONSECUENCIAS

FISIOLÓGICAS

Si en el aborto se perfora la pared anterior o posterior del útero o se dañan las Trompas de Falopio, se produce una hemorragia, que si no es detenida a tiempo puede degenerar en un shock o estado de coma y posteriormente en la muerte. Si se da una mala práctica abortiva, las consecuencias fisiológicas son la esterilidad, abortos

En el caso del **internet,** que ocupa gran parte del tiempo de nuestros jóvenes y niños, se abren portales donde se pueden encontrar imágenes y videos muy impactantes y reveladores, que lastiman la sensibilidad de los navegantes, **ya sean niños o jóvenes, dañando su desarrollo emocional, moral, social y espiritual.**

Por ello, los padres deberían orientar a los hijos sobre lo que es verdadero en la vida real y lo que no lo es.

PRINCIPAL ERROR COMETIDO POR LAS JÓVENES SOLTERAS CON UN EMBARAZO NO DESEADO

Uno de los actos erróneos que genera en la mayoría de los casos una práctica abortiva, es el hecho de que la joven embarazada y soltera informa de su situación de embarazo a su pareja. Puede que encuentre tres reacciones en su pareja, las cuales son: aceptación, rechazo o dilatación de la paternidad (dejar pasar el tiempo hasta decidir su posición). En el primer caso, el padre asume su responsabilidad, pero en el segundo y tercer caso todo puede suceder; desde la negación de la paternidad, hasta la huida y abandono a la pareja embarazada.

Por todo ello, lo que debería hacer una mujer embarazada que no esté casada, es comentar el asunto de su embarazo a SU MADRE, quien tal vez pegue un grito al cielo, la recrimine, la insulte, la golpee, se decepcione y haga un escándalo; PERO AL FINAL, pensará y actuará como madre, antes que como mujer, comprenderá a su hija, porque ella alguna vez pensó y actuó como mujer embarazada.

LA IMPORTANCIA DE LA FAMILIA

Si en un hogar reina la violencia, la incomprensión, la intolerancia, la presión, el maltrato, las comparaciones, la inseguridad y la falta de amor, la familia se convierte en un medio negativo y hostil para el hijo, **quien busca alternativas a su frustración, por lo cual puede incurrir en el consumo de bebidas alcohólicas, drogas, deserción escolar, prostitución, delincuencia, suicidio, EMBARAZOS NO DESEADOS, ABORTOS, raptos con o sin mira matrimonial** y **matrimonios precoces.** Todo esto para escapar de ese medio familiar asfixiante y de la actitud negativa y hostil de los padres.

En el caso particular de los **embarazos no deseados** y **los abortos,** los padres tienen mucho que ver porque su actitud determina hijos con o sin problemas. Los padres autoritarios, los padres muy flexibles y los padres que sobreprotegen demasiado, se llevan grandes SORPRESAS con respecto a los problemas que atraviesan sus hijos.

Los padres no siempre estarán con sus hijos, por eso ellos deberían pensar en la felicidad a futuro de sus hijos, enseñándoles a defenderse y luchar en la vida; no pensar tanto en su felicidad inmediata, porque les hacen un daño irreversible, ya que ellos son presas fáciles de los peligros que se ciernen sobre nuestros niños y jóvenes.

CAPÍTULO VII
ESTERILIDAD, ABANDONO Y ADOPCIÓN

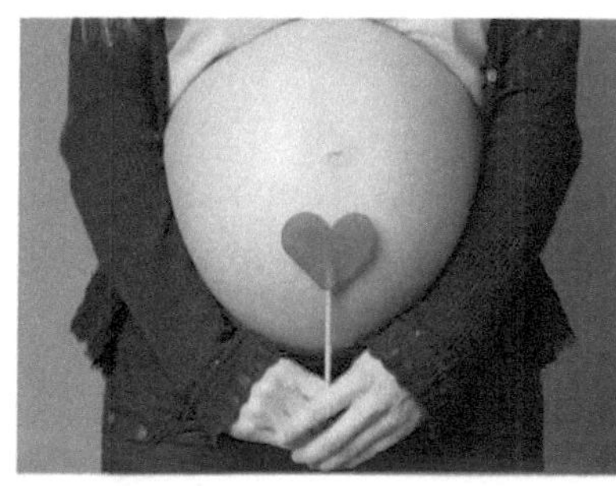

Mientras en algunos hogares no desean tener hijos y piensan en un inminente aborto, en otros la esterilidad es la cruz que deben cargar parejas que desean desarrollarse como padres, pero sencillamente no pueden hacerlo porque no tienen esa capacidad para procrear un hijo que completaría su felicidad.

Los hijos no son imprescindibles en un hogar, pero sí complementan la felicidad de una pareja que encuentra en ellos el norte y la razón para vivir.

EL PROBLEMA DE LA ESTERILIDAD

La esterilidad es un problema no solo de las mujeres, sino también de los varones y en algunos casos está asociada. La esterilidad consiste en la incapacidad de la pareja para tener hijos, lo cual genera un sinfín de sentimientos encontrados en ellos (discusiones, depresión, miedo y angustia), que si no es tratada a tiempo por profesionales médicos y terapeutas, puede generar la ruptura familiar.

PERFIL PSICOLÓGICO DE LA PACIENTE ESTÉRIL Y SU PAREJA

La paciente estéril, generalmente, es una persona angustiada que necesita depositar toda su confianza en el médico, con el objeto de desarrollar una actitud positiva que a menudo ayuda a la fertilidad. Tiene sentimientos de culpa, remordimientos y pena por no poder dar un hijo a su pareja; piensa que está fallando como mujer, prueba un sinfín de métodos caseros, mágicos y místicos para embarazarse. Se mostrará servicial para tener contento a su pareja porque tiene miedo de ser abandonada.

La pareja, esposo o concubino siente que no está realizado porque quiere verse reflejado en un hijo(a), para enseñarle todo lo que sabe y socialmente ser aceptado como un padre de familia. Tiene baja autoestima por esa causa. Si no tiene la formación adecuada y es machista, nunca asumirá su responsabilidad. Si él es infértil, siempre le echará la culpa a su pareja y por esa causa tendrá conflictos que pueden derivar en violencia familiar, infidelidad y divorcio.

EL ABANDONO Y LA ADOPCIÓN

Todos los seres humanos experimentamos en algún momento de nuestras vidas la realidad de un abandono, porque todos hemos perdido a alguien querido en algún momento.

Cuando los niños y adolescentes son abandonados por sus padres, son agredidos en todas las áreas de su desarrollo: en sus afectos, en su desarrollo físico, en su desarrollo intelectual y moral. El abandono a un niño o adolescente desprotegido es una agresión máxima, ES UNA NEGACION ABSOLUTA DEL AMOR.

Cuando hablamos de abandono, estamos hablando del descuido, de aspectos físicos y materiales, de su cuidado, pero fundamentalmente de la falta de cariño, incluso en el medio intrauterino.

Muchas veces la gente pobre, por la falta de tiempo, de dinero y las muchas preocupaciones, descuida el aspecto físico de los hijos; pero en las clases medias y altas, se preocupan más por el cuidado del aspecto físico, que alguien los cuide y que no les falte nada; eso también es considerado abandono, porque les falta cariño.

Cuando un hijo es abandonado (falta de vínculo afectivo), puede ser sujeto de adopción.

ADOPCIÓN

Es una posibilidad de amor, que promueve la reinserción de un niño o adolescente a un entorno familiar, donde se le dará amor, importancia, valor, protección y seguridad.

CAUSAS QUE MOTIVAN LA ADOPCIÓN

Entre estas tenemos: Embarazos no deseados. Madres solteras con dos o más hijos. Violencia familiar.

Violencia de los padrastros y las madrastras en contra de sus hijastros (as). Niños huérfanos. Problemas económicos.

Falta de formación integral de la madre biológica.

Muerte de los padres.

Pérdida del trabajo.

Enfermedad mental.

Alcoholismo de los padres.

Drogadicción de los padres.

Prostitución.

Infertilidad de los padres adoptivos.

PERFIL PSICOLÓGICO DEL HIJO ABANDONADO

Para comprender en su verdadera magnitud el perfil psicológico del niño o adolescente abandonado, es importante ponerse en su lugar para conocer qué es y lo que piensa dentro de sí: "estoy solo, nadie responde, tengo frío, tengo hambre, lloro y no pasa nada; lloro, lloro y ya dejo de llorar, nadie me quiere, quién soy, necesito algo, no valgo nada, no recibo cariño porque no lo merezco, porque soy malo. No quiero creer que por mi culpa estoy solo, quiere decir que soy terriblemente malo, sufro mucho y no quiero sufrir más. Me siento más solo y más débil, por lo tanto, prefiero tener rabia y al diablo con los demás; la rabia al menos me hace sentir vivo".

Por todo esto, podemos concluir que los niños y los adolescentes abandonados tienen baja autoestima (ya no se arreglan, ya no se peinan y ya no les importa nada), experimentan una sensación de impotencia, rabia, desconfianza, agresividad, inestabilidad emocional y baja tolerancia a la frustración. Son inseguros, tienen dificultades para querer generosamente, exigen demasiado y sin piedad a los demás.

La adopción es una posibilidad de amor y solución para liberar a los niños y adolescentes de los efectos negativos del abandono.

PERFIL PSICOLÓGICO DEL HIJO EN UNA ADOPCIÓN FRUSTRADA

Los niños y adolescentes abandonados encuentran en una adopción exitosa la posibilidad de recibir amor y de reinsertarse en un entorno familiar, donde se les dará amor, importancia, valor, protección y seguridad. Pero si esa **adopción fuera frustrada,** este hijo adoptado que antes fue abandonado (falta de cariño, de valoración, de seguridad y de protección), crecerá con resentimiento, agresividad, rencor, falta de adaptación, sin valores, odio a los padres, baja autoestima, trastornos, traumas, bajo rendimiento escolar, con inclinaciones hacia la delincuencia, consumo de bebidas alcohólicas, cigarrillos y drogas.

CAPÍTULO VIII
LAS PANDILLAS Y SUS TENTÁCULOS HIJOS ABANDONADOS A SU SUERTE

La crisis económica y la falta de empleo en nuestro país generan cambios en la vida de las familias y sus integrantes, ya que los hijos se quedan solos en sus casas, ya sea porque los padres trabajan todo el día fuera del hogar, porque el matrimonio ha sucumbido o porque el hijo ha perdido a uno de sus progenitores, lo cual implica que los hijos
vivan más tiempo junto al televisor o con sus amigos que junto a sus progenitores. Entonces, no es de extrañar que los hijos se vuelvan agresivos, díscolos, malos estudiantes y formen parte de una pandilla.

La inmensa mayoría de los niños y adolescentes que carecen de cariño y afecto de sus padres, terminan siendo inválidos emocionales, inadaptados sociales; un problema para la familia, el colegio y la sociedad.

Habría que preguntarse: "¿y dónde estuvo la causa de semejante fracaso?" para luego responder: "nada menos que en el hogar"; ese mismo sitio que debería ser una escuela formativa por excelencia, fue en cambio un lugar solitario y frío, que echó a perder una vida tan llena de posibilidades.

Años más tarde esos mismos padres generalmente se preguntan: "¿por qué se ha descarriado nuestro hijo? ¿no le dimos acaso todo lo que necesitaba?" Tal vez se le dio lo material, pero se le privó de cariño, de amistad y de sana orientación.

"¿De qué sirve que ambos esposos trabajen afanosamente fuera del hogar para obtener mayores ingresos y gozar de mayores comodidades?", si después ese proceder dejará secuelas negativas e incurables en el carácter y conducta de sus hijos.

La peor soledad que debe sufrir un hijo consiste en ser víctima de la separación de sus padres. Todo hijo pequeño siente que se le viene el mundo encima cuando el papá o la mamá se van definitivamente de la casa. Por amor a los hijos, los padres deberían conservar una armonía conyugal y la felicidad de toda la familia.

PADRE BUENO Y BUEN PADRE

Los padres determinan e influyen poderosamente en la aparición de pandillas, ya que la familia es la primera escuela que tiene el ser humano. Existen dos tipos de padres: el padre bueno y el buen padre.

Padres buenos hay muchos, buenos padres hay pocos, siendo más difícil ser buen padre, ya que ser padre bueno no es complicado. Un corazón blando basta para ser un padre bueno, pero, en cambio, para ser un buen padre se necesita voluntad, carácter y cabeza clara.

El padre bueno quiere sin pensar, dice: sí a todo; pero el buen padre piensa para decir sí, cuando es sí y no, cuando es no. El padre bueno hace del niño un pequeño Dios que acaba siendo un pequeño demonio; pero el buen padre no hace ídolos porque sabe que hay un solo Dios.

El buen padre echa a volar la fantasía de su hijo, dejándole crear un aeroplano con dos maderas, templando su carácter y llevándolo por el camino del deber y del trabajo; pero, en cambio, el padre bueno entorpece la voluntad de su hijo ahorrándole esfuerzos y responsabilidades.

El padre bueno llega a la vejez arrepentido, mientras el buen padre llega a la vejez respetado, querido y comprendido.

Enfocamos esta diferencia porque los buenos padres forman a sus hijos como personas de bien, responsables, apegados al trabajo y que son un gran aporte para la comunidad; en cambio, los padres buenos deforman la personalidad de sus hijos creando personas flojas, irresponsables, mentirosas, problemáticas y que fácilmente pueden incurrir en inconductas, ingresando y formando parte de PANDILLAS JUVENILES y grupos delincuenciales, asociados al consumo de bebidas alcohólicas, drogas y prostitución.

PERFIL PSICOLÓGICO DEL INTEGRANTE DE UNA PANDILLA

Los integrantes de una pandilla, llámese niños, niñas y adolescentes, son personas frustradas (en lo familiar, social, laboral y estudios), no tienen una identidad definida, pero, sobre todo, son personas frágiles que buscan refugio; buscan demostrar y sentirse fuertes dentro de una pandilla, identificándose casi siempre con el líder, adoptando sus formas de vestir, hablar, actuar y pensar; llegando a asumir conductas denominadas como inconductas, bravuconadas y delitos, simplemente para quedar bien con el líder o pandilla que los acoge.

Esta conducta es asumida porque no tienen una formación integral (académica, vivencial, espiritual y conciencia social) y sienten miedo e inseguridad de su futuro.

PANDILLAS Y ESCUELA

Las pandillas se pueden originar en las escuelas y centros educativos, a partir de las diferencias existentes entre niños y adolescentes; tienen consecuencias negativas para aquellos que no son parte de esos grupos porque son objeto de torturas psicológicas, agresiones físicas, tormentos, terror y hostigamiento.

Las heridas sanan, pero las cicatrices permanecen como un doloroso recuerdo de que los años de escuela y de colegio no siempre fueron los mejores, ya que los daños provocados a algunos estudiantes son irreversibles.

LOS TENTÁCULOS DE LAS PANDILLAS

Si los hijos no encuentran apoyo, comprensión, estímulo y amor en la familia, buscan refugio en los supuestos amigos, quienes influyen poderosamente en ellos, porque su autoestima ha bajado a niveles de desesperación e inutilidad. Si estos amigos están en la misma situación o peor (por lo general es así), pueden ser factor determinante para el ingreso o formación de una pandilla porque las necesidades e intereses son comunes; es decir, buscan el cariño y la seguridad que les falta en el hogar.

En la pandilla sus integrantes se sienten fortalecidos y poderosos, no les importa consumir primero bebidas alcohólicas y luego drogas, con tal de ser aceptados o seguir perteneciendo al grupo. Posteriormente, la situación se va agravando porque ya se empieza a cometer actos delictivos, motivados por el líder, quien trata de conservar su liderazgo a través de actos de valor, coraje, astucia e incluso actos viles y delincuenciales que inducen a los demás a hacer lo mismo.

Los integrantes de pandillas tienen problemas en el colegio, incurren en la deserción escolar, huyen de sus hogares donde no encuentran comprensión y cariño. Con ello, son completamente dependientes de la pandilla, no tienen otra opción.

En el caso de pandillas que están formadas exclusivamente por mujeres (provenientes de hogares fraccionados y con violencia familiar), se llega a la comisión de actos delictivos e incluso a la prostitución encubierta; si la cosa se agrava y se hacen dependientes de la pandilla por el consumo de alcohol y drogas, son presa fácil de los proxenetas y madamas, que las introducen al mundo de la prostitución.

PRINCIPALES DELITOS COMETIDOS POR PANDILLAS

Son:

- Daño a la propiedad pública y privada.

- Peleas callejeras seguidas de lesiones.

- Violaciones.

- Robos a mano armada.

- Manejo de estupefacientes.

- Prostitución encubierta.

- Alcoholismo seguido de vandalismo y actos reñidos contra la moral.

- Robo de vehículos y motos.

- Robo de carteras.

- Vagancia.

- Extorsión y amenaza a menores.

- Violencia familiar en contra de sus padres y hermanos.

- Tentativas de homicidio.

- Homicidio culposo, homicidio por emoción violenta, homicidio y asesinato.

- Quema de bosques y áreas verdes. **CAUSAS.**

Entre las causas que generan la formación de Pandillas y grupos delincuenciales, podemos señalar las siguientes:

- Pobreza.

- Discriminación.

- Alcoholismo.

- Marginalidad.

- Falta de comunicación en la familia.

- Hogares fraccionados.

- Sobreprotección de los hijos.

- Niños y adolescentes abandonados.

- Niños en la calle y niños de la calle.

- Niños y adolescentes golpeados.

- Violencia ejercida por los padres, padrastros, madrastras y tutores sobre niños, niñas, adolescentes y jóvenes.

- Influencia del medio físico, social y cultural.

- Influencia de los medios de comunicación.

- Menores vagabundos y malentretenidos.

CONSECUENCIAS

Entre las consecuencias que generan las pandillas y grupos delincuenciales, podemos mencionar los siguientes:

- Fraccionamiento definitivo de la familia.

- Aislamiento y marginalidad.

- Discriminación social.

- Consumo de bebidas alcohólicas.

- Consumo de drogas.

- Prostitución.

- Tendencias suicidas.

- Reclusión en centros penitenciarios y reformatorios.

- Violencia Familiar.

-   Inseguridad ciudadana.

REINSERCIÓN SOCIAL

Los niños, niñas y adolescentes integrantes de pandillas o grupos delincuenciales que cumplieron una pena o sanción en reformatorios, institutos correccionales o en las cárceles tienen problemas de reinserción, ya que la sociedad desconfía de ellos por su pasado delictivo, pese a que ellos cambiaron. Esto puede generar tres tipos de reacciones: resentimiento, resignación y lucha.

En el primer caso, se produce la reincidencia delictiva, porque cree que la sociedad tiene la culpa de todo lo que le pasa.

En el segundo caso, también se produce la reincidencia delictiva, porque quiere complacer a la sociedad mostrándole un delincuente juvenil mejorado.

En el tercer caso, se produce una satisfactoria reinserción social, porque el delincuente juvenil ve una oportunidad, un reto para demostrar a todos que él ha cambiado, que es una buena persona. Lo ideal es que tenga el apoyo de su familia o instituciones especializadas.

CAPÍTULO IX

SÍNDROME DE ALIENACIÓN PARENTAL

La ruptura familiar puede desencadenar acciones patológicas en los sujetos, como es el caso del Síndrome de Alienación Parental.

EL PROBLEMA DE SAP

El Síndrome de Alienación Parental (SAP), es un trastorno que surge en el contexto del fraccionamiento familiar, llámese separación de cuerpos o abandono; pero también en procesos judiciales de **divorcio, asistencia familiar** y **tenencia de los hijos,** ya que uno de los progenitores transforma la conciencia de sus hijos, creando odio en él, mediante **distintas estrategias** con el objeto de impedir, obstaculizar o destruir los vínculos afectivos que tienen con el otro progenitor.

Estas distintas estrategias van desde la difamación del otro progenitor, el chantaje afectivo, hasta la exacción económica e incluso impedir las visitas a los hijos. Todo esto es parte de una campaña sistemática y maliciosa por parte del **progenitor alienador** para perturbar la relación de los hijos con el otro progenitor, **tratando a los hijos como verdaderos enemigos.**

En esta situación los menores tratan a sus progenitores no como a un enemigo, sino como a un desconocido odioso y peligroso, que quiere imponerles su presencia, sintiendo que esto es una agresión a su persona. Tratan de mostrarse independientes del **progenitor alienador** que inició la campaña de difamación, pero es solo apariencia; en el fondo hay una direccionalidad por este progenitor, por lo menos hasta que el hijo tenga el cerebro y su corazón completamente alienados, y pueda desarrollar por cuenta propia, sus actividades de denigración, difamación y ataques contra su progenitor odiado.

Los ataques de los hijos causan en los padres como reacción inicial, estupor y aturdimiento ante lo que escuchan de ellos, muy próximo al golpe inicial que podemos encontrar en el rostro incrédulo de un sujeto que acaba de recibir la noticia de la pérdida repentina de un ser querido. A esa inicial reacción le sucede la rabia, por comprender que su expareja logró su objetivo; es decir, alejarlo de su hijo (a). Por último, pasa a sentir la frustración que se asume cuando la lucha se ha perdido.

EL RAZONAMIENTO CON LOS HIJOS

La posibilidad de razonar con los hijos desaparece y más al contrario, estos justifican sus actos con absurdos argumentos. Los diálogos se vuelven agotadores y con la única finalidad de recabar información, que posteriormente serán utilizados por el progenitor alienador y el hijo alienado, como una nueva arma en la campaña de denigración y ataques contra el progenitor odiado.

Si una niña le pide a su madre el vestido más caro de la tienda o un adolescente le exige a su padre el juego de video o el jeans más caro, que esta fuera de las posibilidades económicas del padre o que, en el peor de los casos, el menor expresa al juez su deseo de no tener contacto con su progenitor no custodio, **la campaña de difamación, injurias y desacreditación acaba de comenzar.**

Cuando hay varios hijos, el hijo mayor es el alienador de los hermanos menores por influencia del progenitor alienador. El hermano mayor, en estos casos, expresa de manera inequívoca un odio único a su progenitor alienado y adoración a su progenitor alienador, sin mostrar ningún sentimiento de culpa.

PRINCIPALES CARACTERÍSTICAS DEL SAP.

Las conductas que caracterizan al Síndrome de Alienación Parental son:

-Interferencia en la comunicación entre el hijo y el progenitor. No pasar llamadas telefónicas a los hijos y evitar los contactos físicos.

-Llegar tarde a las visitas fijadas, inventar enfermedades y citas.

-No informar al otro progenitor de las actividades escolares, culturales y deportivas de los hijos.

-Interceptar el correo y los envíos del progenitor alienado, en ocasión del cumpleaños del hijo o fechas importantes.

-Se comienza a suplantar el papel del otro progenitor, presentando a los hijos, la nueva pareja como su nuevo padre o su nueva madre, mientras se inicia la campaña de desvalorización, injurias y ataques contra el progenitor alienado, delante de los hijos.

-Se aumenta en intensidad y extensión los ataques, desvalorizando e insultando a la nueva pareja del otro progenitor, mientras sigue con el aislamiento del menor mediante el entorpecimiento de los contactos, impidiendo que el otro progenitor ejerza su derecho a la visita.

-Se olvidan intencionalmente citas importantes de los hijos con el dentista, el médico, el psicólogo, etc. Se comienza a tomar decisiones relevantes en la vida de los hijos sin consultar al otro progenitor, como ser: cambio de colegio, visita a especialistas médicos, intervenciones quirúrgicas, etc.

-Se impide que el otro progenitor pueda acceder a conocer el rendimiento escolar de los hijos.

-Se señala que las ropas compradas por el otro progenitor son feas y se prohíbe ponérselas.

-Cuando el progenitor alienador se va de vacaciones, deja a los hijos con personas ajenas al otro progenitor, aunque este se encuentre disponible. Amenaza a los hijos con castigarlos si se atreven a ponerse en contacto con él/ella, mientras reprocha al otro progenitor el mal comportamiento de los hijos.

-Cuando los menores alienados piensan con autonomía, los progenitores alienadores señalan que no pueden hacer nada para cambiar las decisiones de sus hijos y mucho más si se trata de ir o no a sus visitas.

-Introducen a sus hijos en sus procesos legales, informándoles pormenorizadamente de toda novedad, recriminando al otro progenitor sobre las trabas y obstáculos que pone en el proceso judicial, lo miserable que es y el poco esfuerzo que pone para lograr ver a sus hijos.

-Se realizan acusaciones falsas de abusos sexuales, malos tratos, raptos, etc., implicando a sus hijos en conflictos de lealtad cada vez más fuertes, no dudando en utilizarlos en los juicios como testigos.

-A la vuelta de las visitas se interroga a los hijos con la intención de obtener detalles que usar en contra del otro progenitor.

-Se refuerza continuamente las poderosas razones que tienen los hijos para odiar a su otro progenitor, enfatizando las ideas del por qué es peligroso para ellos. Cuando se realizan las visitas, los progenitores alienadores dan a entender a sus hijos que se ven obligados a aceptar que el otro progenitor los vea, aun en contra de su opinión.

EL PROGENITOR ALIENADOR.

El progenitor alienador es el que manipula los acontecimientos o palabras reales, torciéndolos de acuerdo a su interés hasta hacerlos irreconocibles. Existe una deformación malintencionada de la verdad, de tal modo que es difícil discernir qué parte es cierta y cuál es la inventada. Este progenitor tiene a su cargo la tenencia del menor, por lo cual, malintencionadamente pretende enfrentar a su hijo (a) contra el otro progenitor, de modo que el hijo asume una actitud de confrontación injustificada.

Al principio, el progenitor alienador manipula al menor alienado, tergiversando la verdad de los hechos en contra del otro progenitor hasta que éste lo odie y tome parte del conflicto entre los progenitores, aliándose con el progenitor alienador, que **hipócritamente** asume un rol de conciliador ante jueces, equipos psicosociales y entorno próximo, pero, lo mejor de todo es que será el **refugio emocional** de un hijo destrozado moralmente por la pelea de sus padres.

El progenitor alienador reconoce el problema de relación de sus hijos con el otro progenitor, pero considera que él no puede hacer nada al respecto ya que respeta el deseo de sus hijos; pero esto de manera maliciosa, ya que por otro lado, exagera las cualidades negativas de su excónyuge.

El progenitor alienador ejerce un **"terrorismo familiar"** a través de acciones patológicas que se expresan en estrategias sutiles para someter al resto a sus deseos, y así poder ejecutar acciones de extorsión, manipulación y violencia. **En el caso de los hijos, el progenitor alienador los ve como verdaderos enemigos,** porque no mide las consecuencias de sus actos a futuro.

En la mayoría de los casos, el progenitor alienador es la **madre** que generalmente se queda con la custodia de los hijos por estereotipos sociales, en los cuales se ve a la madre como una mejor cuidadora y educadora de los hijos, **aunque no siempre es así.**

PERFIL PSICOLÓGICO DEL PROGENITOR ALIENADOR

El progenitor alienador generalmente presenta el siguiente perfil psicológico:

Tiene una personalidad paranoide que se caracteriza por la desconfianza, la susceptibilidad, el orgullo, dogmatismo, la hostilidad y la sobrevaloración de su propio ego.

Expresa delirios de persecución e injusticia, por lo que se torna agresivo. También expresa el delirio Folie á deux o Trastorno de Ideas Delirantes Inducidas (OMS), que se expresa cuando el delirio es compartido entre 2 o más personas, donde una controla la relación y situación, imponiendo progresivamente su delirio al otro (hijo), que inicialmente no lo compartía.

Presenta episodios de intensa disforia, ansiedad e irritabilidad, que suelen durar habitualmente horas y en algunos casos días.

Tiene un trastorno antisocial de personalidad (antes conocido como personalidad psicopática y luego sociopática), que se caracteriza por el desprecio y violación de los derechos de los demás. El engaño y la manipulación también son sus características centrales. No muestra empatía ni preocupación por los deseos y bienestar de los demás.

Mantiene una escasa tolerancia a la frustración, por esa razón es irritable, violenta y con arrebatos emocionales. Asimismo, muestra un alto grado de egocentrismo, manipulación, tendencia a la mentira y crueldad.

El progenitor con el trastorno antisocial de personalidad, muestra un fuerte desapego afectivo. En muchas ocasiones, el progenitor se desentiende de los hijos o el hogar. **Los hijos son un estorbo, por lo que si lucha por su custodia, es para usarlos como instrumentos de poder** y control; y no

como deseo legítimo de afecto y **cuidado.** Empero, las actividades con sus hijos son puntuales y muy breves.

Puede mostrarse extremadamente cruel, al poner por encima sus deseos a los intereses del resto de la familia. El caso extremo es el uso de los miembros de la familia para enfrentarlos entre ellos, usando sus altas capacidades de manipulación.

También llegan a enfermar a los hijos, haciendo que se les apliquen pruebas y tratamientos innecesarios, para satisfacer sus necesidades emocionales y de vinculación (Síndrome de Munchausen).

Los progenitores alienadores tienen una personalidad narcisista, porque muestran en su personalidad un patrón de grandiosidad, necesidad de admiración y falta de empatia. También proyecta sus propios errores en el otro miembro.

El hecho de que la justicia obligue a los hijos a compartir su tiempo con la expareja, genera reacciones airadas en los progenitores alienadores los cuales se consideran con el derecho de recurrir a cualquier estrategia para evitar este hecho, como el **rapto o provocación de lesiones físicas** en los menores con intención de incriminar al otro.

Incluso este tipo de progenitor puede llegar a realizar **denuncias falsas** en contra del otro progenitor, como ser: abusos sexuales a menores, malos tratos a mujeres, supuestos raptos, violencia familiar, etc.

Los progenitores alienadores realizan actos de **manera intencional,** sostenidos por un sistema de creencias sociales y rasgos de personalidad patológica.

EL MENOR ALIENADO

El menor alienado o hijo(a) respaldará al **progenitor aliado o alienador,** en todas sus afirmaciones y mucho más si es en contra del **progenitor odiado,** más allá de los posibles razonamientos que justifiquen esas afirmaciones.

El menor alienado justifica sus actos y decisiones frente al progenitor alienado, víctima del **SAP,** señalando: "siempre es lo mismo, me compara constantemente", "escupe al suelo", "habla palabras groseras", "no respeta mis gustos, ni mi forma de ser", "siempre tengo que comer lo que me ponen en mesa", etc. **Sean estas justificaciones ciertas o no.**

El menor alienado rechaza el diálogo con su odiado progenitor, no quiere permanecer a solas con él o ella, rechazando su proximidad física.

El odio del hijo alienado contra su odiado progenitor, solo puede ser comparado con el fanatismo religioso o terrorista.

Cuando el menor alienado asume el papel de aliado de uno de sus progenitores, se convierte en un guerrero fiel y cruel; busca mostrar a todos que actúa de manera independiente y no por influjo del progenitor alienador o aliado, realizando afirmaciones que lastiman: **"Esto no es de ahora, yo siempre he pensado así. Nunca me llevé bien con mi madre, desde pequeña siempre me estaba mandando y peleándose con mi padre", es por eso que de mayor, señalo enfáticamente: "no quiero ver a mi madre,**

nunca más". Esta es una afirmación de una adolescente de 14 años.

En otro caso, un hijo que se quejaba constantemente de que su padre jamás había intentado ponerse en contacto con él, al ver las cartas que su padre le había enviado y que fueron rechazados por su madre, el hijo alegó que el padre alienado: **"lo hizo solo para mostrarse como buen padre"**. Cuando el padre le leyó el contenido de alguna de aquellas cartas, donde le rogaba a la madre tener contacto telefónico con su hijo el día de sus cumpleaños, el menor respondió que: **"su madre siempre hacía lo que consideraba mejor para él"**.

Los hijos alienados expresan su visión paranoica de igual modo que su progenitor alienador porque comparten sus principales argumentos, preocupaciones y acusaciones, incorporando todas aquellas que, en su propia experiencia con el progenitor, hayan podido elaborar de modo independiente. Su deseo principal es ser libres, de ver a su otro progenitor cuando ellos deseen, y no ser forzados a compartir un tiempo por obligación. Si se ven forzados a llevar a cabo estos encuentros, pueden llegar a expresar pánico y conductas agresivas.

El menor alienado es una **víctima del SAP** porque su conducta, su pensamiento y sus sentimientos llenos de rencor y odio, son fabricados y provocados malintencionadamente por el progenitor alienador en contra del progenitor odiado. Las consecuencias se las puede ver a futuro.

EL PROGENITOR ALIENADO

Es, sin lugar a dudas, otra de las **víctimas del SAP** porque es el sujeto odiado tanto por el hijo alienado como por el progenitor alienador. Esto causa una gran frustración en él, porque descubre que con el odio de su hijo, su expareja consiguió su objetivo, que es separarlo de su hijo.

Le duele la campaña de difamación, desprestigio e injurias de la cual es objeto por parte de su excónyuge y de su propio hijo, le duele no poder visitarlo, no tener contacto con él; pero sobre todo, le duele saberse odiado y chantajeado sentimentalmente.

AUSENCIA DE CULPABILIDAD Y EXTENSIÓN DEL ODIO

Los ataques de los hijos hacia sus odiados progenitores se acompañan de la ausencia de cualquier idea o sentimiento de culpa. Esta ausencia de culpabilidad debe ser considerada como: una ausencia de culpa ante los sentimientos del progenitor alienado y una ausencia de culpa en la explotación económica del mismo progenitor.

La ausencia de culpa **ante los sentimientos del padre odiado** es un impermeable que permite a los menores alcanzar los niveles de denigración más irracionales, defendiendo contra viento y marea al progenitor amado o alienador.

De igual modo, la ausencia de culpa **ante la explotación económica del progenitor odiado,** hace que todo sacrificio económico del progenitor alienado sea considerado su **"obligación";** no habrá agradecimiento ni reconocimiento y más al contrario, el menor no dudará en utilizar y chantajear económicamente al progenitor odiado.

El odio al progenitor alienado se extiende a sus familiares más próximos: primos, tíos y abuelos con los que previamente había mantenido relaciones afectivas. Los abuelos y los tíos son los más afectados por esta situación, por no tener la culpa de lo que pasa, pero sin embargo pagan las consecuencias, al negárseles la proximidad del nieto o sobrino.

EL TIEMPO COMO ESTRATEGIA DE ALIENACIÓN

El objeto del SAP es eliminar los vínculos afectivos entre el progenitor y su hijo. Los progenitores alienadores necesitan de tiempo para completar la manipulación mental en sus hijos. Por consiguiente, obtener el mayor tiempo posible a solas con los hijos va a ser inicialmente una necesidad para pasar después a ser un arma.

La usurpación del tiempo del otro progenitor, permite una campaña de denigración que se consolida por el poco contacto con el progenitor alienado, debilitándose los vínculos afectivos sanos entre padre e hijo.

El SAP es un proceso y como tal requiere de tiempo para ser llevado a cabo. En este proceso, la instauración en la psique del menor de aquellas ideas que provocan su alienación, será mayor cuanto más sea el tiempo que el progenitor alienador haya dispuesto para actuar sobre él.

EL SAP Y EL INFRAMUNDO INDESEABLE

Una de las características del SAP es la falta de comunicación entre el progenitor alienado y los hijos, porque las comunicaciones son controladas por el progenitor alienador que interfiere las llamadas telefónicas, el correo y elimina las fotografías del progenitor alienado.

Otra de las estrategias que utiliza el progenitor alienador, es apartar al progenitor alienado de toda conversación que sostiene con su hijo alienado, **"te he dicho que no quiero que vuelvas a hablar de él", "debes entender que tu padre ha muerto para nosotros".** Por supuesto, la acción más radical es el traslado del menor a un lugar donde sea difícil o imposible el contacto con su otro progenitor.

El objetivo del alienador es eliminar cualquier objeto contaminante del mundo exterior, sea de la naturaleza que sea, con la intención de eliminar cualquier afecto que pudiera acarrear. Ropas, fotos, recuerdos, comentarios, opiniones y emociones son expulsados de su entorno como objetos sucios pertenecientes al **inframundo indeseable** del progenitor odiado.

En el SAP, las experiencias del hijo se llevan a cabo únicamente a través del filtro del progenitor alienador. Todo aquello que es una desviación del conocimiento verdadero, es decir, del padre amado o alienador, no está permitido y debe ser eliminado.

En síntesis, cuando un padre alienador aisla a un hijo del entorno con el que antes interaccionaba y le enriquecía, **su interés primario será generar una dependencia excluyente,** ser un refugio afectivo y crear dependencia, por lo cual la palabra del progenitor alienador será sagrada. **Su interés secundario es impedir que el hijo tenga contacto con otras visiones de la realidad;** construye una única realidad, aquella que él mismo construye (progenitor alienador) más allá de toda reflexión y por esa misma razón, se controla los pensamientos y sentimientos del hijo.

EL SAP Y LOS PROCESOS JUDICIALES

El progenitor alienador hace que se sumen a su campaña de denigración, en muchas ocasiones, los profesionales abogados, fiscales, jueces, psicólogos, trabajadores sociales, etc., con los que el alienador tiene contacto, a través de los cuales articula muchas de sus estrategias de actuación y manipulación para conseguir la tenencia de los hijos, la prohibición de las visitas o visitas asistidas y el monto más elevado de asistencia familiar.

En los procesos judiciales que se ventilan en nuestro país, se puede apreciar una campaña de entorpecimiento y alienación del progenitor con su hijo mediante recursos, denuncias, provocaciones, falsas acusaciones de abusos sexuales, raptos y malos tratos, peticiones de protección frente al maltrato, interferencias en visitas, etc. Todas estas acciones malintencionadas por parte del progenitor alienador, son apreciadas de **manera errónea por los operadores de justicia** (jueces) en materia familiar, como naturales muestras de interés de un progenitor por defender los intereses de su hijo; **pero el SAP, siendo una realidad palpable en estos procesos,** debería tomárselo muy en cuenta porque causa un **daño emocional irreversible** en los hijos que no tienen nada que ver en los problemas de los mayores; y más al contrario, son utilizados como instrumento de chantaje, campaña de denigración y explotación económica contra el progenitor alienado. **La**

lógica debería ser: si los progenitores alienadores son capaces de provocar un daño irreversible a sus hijos, ¿serán buenos padres?

Las visitas que se definen en la primera audiencia, deberían ser la **regla** para ambos progenitores, salvo que exista una denuncia gravísima **comprobada,** que atente contra la integridad de los menores, que sería la **excepción;** porque de lo contrario, es crear todas las **condiciones necesarias para que se dé el SAP** por parte del progenitor alienador que tiene la custodia del hijo.

EL SEDEGES Y LOS OPERADORES DE JUSTICIA

En los procesos judiciales de divorcio, asistencia familiar y tenencia se recurre a los equipos multidisciplinarios del Servicio Departamental de Gestión Social (SEDEGES) que están compuestos por una trabajadora social y una psicóloga, quienes presentan un informe ante los operadores de justicia para una mejor valoración de los hechos a probar en un proceso contencioso.

En la mayoría de los informes que deben ser idóneos, es decir, favorable para cualquiera de las partes, el 90% favorece a las madres, las cuales se quedan con la tenencia de los hijos, rompiéndose muchas veces el vínculo afectivo del hijo con el padre. Esto, pese a que los profesionales que entrevistan tanto al progenitor alienador como al hijo alienado, perciben claramente **una fingida autonomía entre ambos.** Estos informes deberían velar por el verdadero bienestar de los hijos y evitar el SAP, por lo cual debe favorecer a cualquiera de las partes.

Si un juez entrevista al hijo, con la sana intención de recabar su opinión, observa a un individuo con las ideas claras y un pensamiento independiente, **que muestra un claro rechazo hacia uno de sus progenitores; es decir, es un hijo que odia;** característica del SAP. También puede ver a un **padre alienador** que es incapaz de hacer comprender a su descendiente el bien que podría aportarle, relacionarse con su otro progenitor, al que él mismo ha apartado de la vida de su hijo.

El error de los profesionales del SEDEGES y de los operadores de justicia está en el hecho de que únicamente están contemplando la **superficie de la escenificación** y **no los motivos o el proceso,** que han permitido las expresiones de odio y desagrado de los hijos.

La recomendación en estos casos para un progenitor alienado, víctima del SAP es, por mínima que sea, no romper nunca el contacto con sus hijos, que también son otras víctimas del progenitor alienador.

CARTA DE UN HIJO QUE VIVE EL SAP DIRIGIDA SUS PADRES

Papá, mamá:

Quiero platicarles algo, mi amor por ustedes no entiende de peleas, dinero, intrigas y malos orgullos.

De ti papá necesito tu protección, fuerza y coraje, para enfrentar el mundo. De ti mamá, consuelo, amor y cariño, para querer el mundo.

Con lo que ustedes me enseñan estoy formando mi carácter y mi identidad como ser humano.

Los necesito juntos o separados, pero a los dos.
Atentamente:

Franklin, el hijo al que maltratan

CONSECUENCIAS DEL SAP EN LOS HIJOS.

Las consecuencias del SAP en los hijos pueden ser irreparables e irreversibles y son:

FAMILIARES

-Violencia física, psicológica, moral y sexual sobre los hijos.

-Viven en constante tensión, ya que los progenitores alienadores los castigan severamente cuando se relajan o dudan de sus creencias.

-Son castigados física, psicológica y moralmente cuando se ponen en contacto con el otro progenitor.

FISIOLÓGICAS

-Alteraciones a nivel fisiológico en los patrones de alimentación, poco control de esfínteres y sueño.

-Aparición de úlceras por el estrés.

PSICOLÓGICAS

-Cambios continuos de humor y reacciones de frustración, expresiones de odio, temor y peligro causados por sus progenitores.

-Reacciones de ansiedad, crisis de angustia y miedo a la separación ante la presencia o cercanía del progenitor alienado.

-Desarrollo de una patología severa a partir de una dependencia emocional con el progenitor alienador; temor y odio hacia el progenitor alienado.

-Impersonalidad, ya que asumen como propios valores, pensamientos y conductas del progenitor alienador, que pueden degenerar en una patología.

-Pérdida del autoconcepto y la autoestima.

-Depresión crónica, desesperanza e incapacidad para controlar el entorno, por no ver la realidad tal cual es.

SOCIALES

-Conductas regresivas inadecuadas para la edad del sujeto.

-Disminución del rendimiento escolar y de la atención.

-Problemas de adaptación, por lo poco sociable que es y la falta de empatía.

-Poca tolerancia a la frustración, lo que implica tener problemas legales y policiales porque siempre trata de resolver problemas de modo violento e impulsivo.

-Poca capacidad de evaluación de su realidad y la realidad de los demás.

-Fuertes tendencias al aislamiento, al comportamiento hostil, y al consumo de alcohol y drogas.

-Son inválidos emocionales e intelectualmente rígidos, por lo cual son inestables en la vida adulta, pues crecieron bajo una alta sobreprotección.

CONSIDERACIONES SOBRE LAS CONSECUENCIAS DEL SAP.

Los efectos del SAP en los menores pueden ser irreparables e irreversibles. Las expresiones de chantaje, retirada del afecto o un castigo corporal suelen ser habituales. Si nos imaginamos a un progenitor alienador en el que los delirios paranoicos se expresen en toda su extensión, **habría que aceptar la posibilidad de un grave riesgo para la integridad física, psicológica** y **moral del hijo.** El estrecho control y aislamiento en el que muchos progenitores mantienen a sus hijos es un riesgo para el ocultamiento de situaciones peligrosas para su vida. Si a eso sumamos la inquebrantable adhesión que mediante la programación logra el progenitor alienador de sus hijos, podemos hacernos una idea del peligro que muchos de ellos están corriendo.

Los efectos a largo plazo para el menor son extremadamente importantes, porque una vez que se haga adulto, si tiene la oportunidad de comprobar la **verdadera realidad** de su relación paterno filial con su progenitor odiado, sufrirá el desmoronamiento de la estructura de valores y creencias fundamentales sobre las que ha sustentado toda su existencia. A lo anterior hay que añadir el desagradable descubrimiento de que el arquitecto de esa estructura fue su progenitor custodio (alienador), la figura fundamental sobre la que ha girado su vida, **pero que en su momento, malintencionadamente, lo trató como un verdadero enemigo.** Por todo esto, podemos considerar que al dolor del desengaño y la perversión de uno de sus progenitores, se suma la aceptación final de la culpa y se culpabilizará sin reservas hasta el punto de llegar a situaciones difíciles como el consumo de alcohol, drogas, delincuencia, prostitución e incluso el suicidio.

En las familias cuyos miembros no llegan al descubrimiento del **SAP, el Síndrome tenderá a perdurar en las siguientes generaciones.** La extensa estructura de la realidad que el progenitor alienador levanta junto a la imposibilidad de contemplar otros modelos de crianza y afecto, propician la **repetición de los modelos aprendidos,** extendiéndose a toda aquella relación y escenario donde el hijo (posteriormente padre) participe.

Es necesario considerar que estamos hablando de un tipo de abuso emocional con amplias y profundas consecuencias para los menores y su entorno. Más allá de las diferencias surgidas entre dos adultos, las conductas que hemos mencionado son responsables de las rupturas de los lazos afectivos de los menores con parte de su familia, lo que genera el **empobrecimiento pernicioso de su desarrollo personal** y **su visión del mundo** que determinarán, en última instancia, su conducta futura y el modo de afrontar la vida.

¿CÓMO LUCHAR CONTRA EL SAP?

El enfrentarse al SAP es difícil y sumamente frustrante, pero, de todas maneras, se sugieren las siguientes recomendaciones:

-Debe intentar no perder jamás el contacto con sus hijos, por más breve y distante que sea.

-No debe entrar en la replica agria ante los ataques de sus hijos. Cuando el nivel de agresión haga que esto resulte difícil, intente rememorar la relación que tenía con ellos antes de la separación, recordando que el verdadero origen de la agresión es el otro progenitor.

-Debe impedir las profecías de autocumplimiento, no dando argumentos que favorezcan las críticas negativas sobre su comportamiento.

-Debe usar el humor antes que la ironía. Los progenitores no deben olvidar que sus hijos son muy sensibles a las cualidades de la comunicación oral, al lenguaje corporal y la expresión facial.

-Nunca debe obligar al niño llevar a su casa un regalo que le dio. Si vemos que se muestra renuente, lo más seguro es que se esté produciendo en casa una purga emocional que consiste en deshacerse de fotos, cartas y todo objeto que le recuerde que usted existe y lo más probable es que cuando su regalo llegue a la casa del progenitor custodio, termine en la basura.

-Busque oportunidades para hacer cosas juntos, inicialmente lúdicas para, con posterioridad, compartir asuntos más íntimos y relevantes.

-Transforme las quejas del hijo en una petición que realiza, la cual debe satisfacerse con un compromiso.

-Debe compartir momentos especiales con su hijo y que sean en lo posible significativas.

-Debe buscar activamente todas aquellas situaciones que le aporten información sobre las creencias, ideas, inquietudes y gustos de su hijo con la intención de buscar puntos de debate y conversación comunes.

-Debemos revestirnos de credibilidad y de todas aquellas capacidades que nos sitúen en una posición de poder ante nuestros hijos.

-Haga que una persona significativa (abuelo o tío) interceda en temas que le preocupan, como el no poder visitar a sus hijos o por maltrato.

-Si finalmente se produce un enfrentamiento, debe dejar que el tiempo transcurra sin forzar soluciones, con la intención de relajar la situación y poder afrontarlo serenamente.

Si el SAP es severo, debe buscarse la **tenencia** del hijo, buscando cambio de residencia del hijo alienado hacia el domicilio del progenitor odiado.

Henry Manzano

CAPÍTULO X

HIJOS CON CAPACIDADES DIFERENTES

Cada familia es un sistema abierto en continuo movimiento, cambio y reestructuración en busca de una estabilidad y equilibrio entre todos los miembros que la componen; pero cuando nace un **hijo con una capacidad diferente,** el acontecimiento suele ser impactante y repercute en toda la familia.

Se dice que una persona tiene una **discapacidad,** si esta encuentra alguna dificultad o imposibilidad para realizar una o más actividades en su vida cotidiana.

Esta discapacidad puede ser: **física** (secuelas de la poliomielitis, lesión medular, amputaciones, artritis, enfermedades degenerativas, metabólicas, infecciosas y neuromusculares), **motora** (Parálisis de las piernas, parálisis de una parte del cuerpo, cojera), **sensorial** (Ceguera, sordera, no poder hablar), **psíquica** (Esquizofrenia, bipolaridad, pánico, depresión) **e intelectual** (Autismo, Síndrome de Asperger, Síndrome de Down, retraso mental, parálisis cerebral, y problemas de aprendizaje).

FRUSTRACIÓN POR UNA DISCAPACIDAD

En la fase del embarazo, lo normal es que los futuros padres tengan sus fantasías sobre el hijo; viven con la esperanza de que su hijo sea físicamente fiierte, inteligente, hábil y con cierta belleza, puesto que son factores de valorización social. A lo largo de los nueve meses, esas expectativas se van alimentando, esperando con ansia el momento del nacimiento.

El nacimiento de un hijo con una capacidad diferente supone un **shock** dentro la familia. Este hecho se percibe como algo inesperado, extraño y raro, que rompe las expectativas sobre el hijo deseado.

La inesperada noticia con el diagnóstico de la discapacidad produce un gran impacto en todo el núcleo familiar; la respuesta y reacción de la familia cercana a los dos progenitores, abuelos y hermanos contribuirá a acentuar o atenuar la vivencia difícil que se experimenta.

La confusión y los sentimientos de **aceptación, rechazo** y **culpabilidad** se mezclan de manera incesante, surgiendo constantemente la pregunta: **¿Dios, por qué a mí?**; tomándolo muchas veces como una **agresión del destino o castigo divino,** que viene acompañado de intensos sentimientos de rechazo y rebelión frente a esa circunstancia. Esta percepción es rápidamente **captada como propia por el hijo con discapacidad que se siente indeseable por sus padres, se siente enemigo de sus padres.**

"El niño pese a que él es el menos responsable de esta situación, sufre y siente el rechazo, y puede llegar a

convencerse de que efectivamente algo está equivocado en él". Esto lo vuelve más vulnerable, y lo más probable es que sea una víctima más del medio en el que se desenvuelve.

De este modo, la nueva situación cambia los esquemas de toda la familia; por lo mismo, la mayoría de los padres, a pesar de tener confirmado un primer diagnóstico, inician un **recorrido por distintos especialistas,** esperando encontrar una valoración diferente, o al menos más benigna.

Es en esta fase cuando más ayuda se precisa, a fin de que el hijo o la hija sea atendido desde los primeros días, proporcionándole la seguridad y cariño que todo ser humano necesita en sus primeros meses de existencia, puesto que esos primeros meses son decisivos para el desarrollo del niño.

El periodo de **aceptación o no,** va a depender de muchos factores; entre ellos: las características emocionales y personales de los progenitores, la dinámica familiar, la relación de pareja, los apoyos sociales externos, el nivel sociocultural y económico de los padres, el orden de nacimiento del recién nacido; si es el primogénito, si es el menor, si es hijo único, si tiene varios hermanos, si es varón o mujer, etc.

Si los lazos familiares son **fuertes,** el hecho contribuye a la unión y el hijo se incorpora en el seno de la familia unida; pero cuando los lazos son **débiles** se contribuye al fraccionamiento familiar y se excluye al niño, perjudicándolo.

Otro factor que interviene de manera especial es la clase social. Parece ser que las familias de clase baja y las del medio rural, tienden a aceptar mejor la discapacidad que las familias de clase social alta y media.

LOS LÍMITES QUE DEBEN TENER LOS PADRES

Cuando pensamos en los sentimientos que los padres deben profesarle a los hijos, de inmediato se nos viene a la mente: el amor y la aceptación a esa persona porque representa un símbolo de cariño, paciencia y sacrificio; pero viendo la otra cara de la moneda, podemos señalar que existen padres que aun amándolos, expresan rechazo hacia sus hijos, **tratándolos como enemigos,** solo por haber nacido con una **capacidad diferente.**

Si bien nada nos prepara en la vida para ser padres de hijos con discapacidad, pero cuando de repente es su bebé o su hijo el receptor de esta etiqueta de discapacidad, la vida puede parecerle muy distinta e injusta. No pidió esto y es muy poco lo que puede hacer para cambiarlo; **pero su hijo con discapacidad tampoco es responsable de esta situación.**

El nacimiento de un hijo con una discapacidad pone en peligro la sensación de control que los padres tenían sobre su vida y la vida de sus hijos.

Como padre puede sentir que sus creencias espirituales son desafiadas y preguntarse: **"¿Dios, qué mal he hecho, para merecer esto?.** Otros en su afán de consolarlo le dirán: **"Dios solo elige personas especiales para niños especiales"** o afirmaciones similares con la intención de tranquilizarle; pero sencillamente, el tener un hijo con una capacidad diferente implica un desafío de vida y por supuesto, como padre tiene derecho a sentir ira, impotencia y frustración.

Existen límites para todo lo que una persona puede hacer. Un padre no debería pretender pasar todo el tiempo con su hijo que tiene una capacidad diferente y un hijo con una discapacidad no debería suponer que es el centro de atención y de la vida de los padres. Suele ser fácil que el niño con discapacidad imponga el horario y las pautas a toda la familia, pero todo tiene límites; es por eso que los padres deben aprender a reconocer esos límites y evaluar la situación con su hijo, antes de responder con ira, fatiga o frustración.

Muchos padres caen en la trampa de exigirse demasiado: "en una ocasión un padre se propuso visitar a su hijo todos los días después del trabajo cuando estuvo en una unidad de rehabilitación infantil luego de una intervención quirúrgica importante. Este padre comenzó a notar que se estaba exigiendo demasiado, que podía dejarlo de visitar algunas veces y que podía trabajar hasta tarde o hacer otra cosa. Comprendió al final que su hijo y él sobrevivirían igual".

Como padre o madre, necesita tiempo para su cónyuge, compañeros de trabajo, familiares, y tiempo sin los niños. Es como la ocasión que describen muchos padres cuando salieron de compras solos, después de que había nacido su hijo, sintieron una gran libertad, aunque estuvieran haciendo una tarea doméstica y aunque no hablaron con nadie más, excepto con el empleado de la caja.

Su vida está constituida por muchas partes y cada una de ellas merece tanta atención y estimulación como su hijo con necesidades especiales.

DIGNIDAD POR SOBRE TODO

Los padres de hijos con capacidades diferentes no deben esperar la compasión de los demás ni que los admiren, pero sí deberían esperar que los escuchen y que les tomen en serio. Usted como padre debe esperar que los médicos, maestros, trabajadores sociales, cirujanos, especialistas en prótesis y terapeutas le ayuden como profesionales que son y que siempre le digan la verdad.

Merece saber por qué el médico está revisando el oído de su hijo; si el médico no le da razones, puede preguntar. Merece la oportunidad de ser alguien más para sus amigos, vecinos y familiares que lo quieren, que simplemente **"el padre del niño con discapacidad"**.

A veces, cuando se es el padre de un niño con una discapacidad, uno debe ser, si el caso lo aconseja, más agresivo, más firme y más enérgico para obtener la dignidad a la cual tiene derecho y que le corresponde.

Muchas de las sugerencias y ayuda que recibe de los demás deberían ser tomadas como lo que son, consejos que considerará y que puede o no seguir. Todos los padres tienen ciertas experiencias en común, tanto si tiene uno o diez hijos, tanto si su hijo discapacitado es el primero y el único, uno de varios hijos o el segundo hijo discapacitado en su familia; y es en función de esto que usted como padre tomará las decisiones más adecuadas.

Como padre no puede olvidar que es un adulto con necesidades, deseos, esperanzas y sueños propios.

RELACIÓN CONYUGAL

La discapacidad del hijo altera la vida de la pareja y de las relaciones conyugales. En algunos casos, el niño con discapacidad une a la pareja, que sale fortalecida; pero en otros casos, promueve malestar y ruptura familiar.

Un factor de gran influencia es la existencia o no de conflictos previos a nivel de pareja. Los conflictos previos pueden traer mayores dificultades, por lo cual el niño con discapacidad puede ser tomado como **"chivo expiatorio"** de las dificultades maritales, **convirtiéndose en enemigo de los padres.**

Otras parejas con un funcionamiento previo sin conflictos, pueden comenzar a mostrar signos de trastornos a partir del diagnóstico de discapacidad de su hijo, generándose **el fraccionamiento de la familia o abandono del hogar,** porque no están preparados para asumir esa gran responsabilidad, que es cuidar y educar a un hijo con capacidad diferente.

La discapacidad del hijo se asocia a temores y fantasías de los padres, en torno a las relaciones sexuales que tuvieron y más aún cuando es el primero.

El hombre pone en cuestionamiento su virilidad. La mujer siente que la discapacidad es una prueba de que **"tiene algo malo dentro"** o que **"no está completa".** Tales sentimientos afectan las relaciones sexuales (se pierde el ritmo sexual) y otros intercambios de pareja.

RELACIÓN DE PADRES E HIJOS CON DISCAPACIDAD

En el vínculo afectivo de los padres hacia el hijo con capacidad diferente, se movilizan un sinnúmero de sentimientos ambivalentes y muy intensos porque desde el primer momento en que se descubre la discapacidad, el desconcierto, la extrañeza, la inseguridad, la desilusión, el dolor, la culpa, el miedo, el rechazo y la rabia son muy frecuentes. Estos sentimientos negativos pueden combinarse en complejas interacciones con otros positivos, como ser: sentimientos de ternura, de amor y hasta de orgullo; deseos de poner muchos esfuerzos para sacar adelante al hijo con discapacidad, dándole mejores condiciones de vida, educación, alegría y goce ante los logros obtenidos.

Cuando la pareja paterna aparece dominada por la culpa, al no disponer de una solución que arregle enteramente la discapacidad del hijo, quedan ocupando el lugar de **deudores** frente a un niño acreedor, al que hay que pagarle y por esa misma razón, siempre están dispuestos, nunca se cansan y siempre dan todo lo que tienen y aún más; son eternos dadores aunque nada parece alcanzar. El niño se puede transformar en un acreedor de por vida, en un insatisfecho permanente, manteniendo una dependencia exigente hacia sus padres.

También se puede dar la figura de los hijos **deudores,** cuando el niño siente que ha defraudado a sus padres, a los que siente insatisfechos y desilusionados con él, porque siente que está lejos de ser el hijo deseado a causa de su discapacidad. Se siente culpable por ello, vinculándolo con una actitud consciente o inconsciente de los padres en echarle la culpa de su fracaso.

Muchos padres ven a los hijos con discapacidad como un estorbo, como un obstáculo para su felicidad o simplemente como un castigo divino, y mucho más si es por una discapacidad intelectual, como ser: autismo, Síndrome de Asperger, Síndrome de Down, retraso mental y parálisis cerebral; porque en estos casos, muchos son recluidos en centros de educación especial como verdaderos enemigos, limitándose solo a pagar las mensualidades.

En otras circunstancias, simplemente se los abandona o se los echa a la calle y en el peor de los casos los padres venden su alma, con la vileza de un infanticidio, que queda como uno de los secretos más oscuros de la familia, si es que no se llega a descubrirlo. Los prejuicios sociales, la amenaza del esposo de abandonar el hogar, una esposa con prejuicios, hijos sanos con complejos, etc., son algunas situaciones que se dan comúnmente.

RELACIÓN ENTRE HERMANOS

Existe un predominio de intensos **sentimientos de culpa** en el hermano que posee todas sus capacidades físicas y mentales, por considerarse como el hijo **"privilegiado"**, **"el elegido"**, poseedor de habilidades o de la salud que se le restó al **hermano con discapacidad;** es por eso que siente que el hermano con discapacidad que está frente a él, está resentido y le reprocha; incluso que tiene deseos de venganza.

La culpa también surge ante situaciones de logros propios, mientras que el hermano queda rezagado. Estos sentimientos de culpa y la necesidad de castigo, se traducen en que el hermano sano tiene dificultades para obtener logros y éxitos o para disfrutar de ellos.

Por otro lado, el hermano con discapacidad es sentido como el hijo preferido frente a los padres que le dedican atenciones y cuidados especiales. En este caso, el hermano sano y sin discapacidad suele sentir fuertes sentimientos de ira, rivalidad, celos y envidia frente al hermano con discapacidad; suele sentirse **"no querido por los padres"**.

El hermano sano y sin discapacidad también experimenta, intensos sentimientos de frustración, aislamiento y soledad, como consecuencia de todas las limitaciones en la relación con su hermano, con quien, muchas veces, no puede compartir travesuras, aventuras, alianzas, pensamientos, preocupaciones, sueños, proyectos, deseos, etc. Estos sentimientos se acentúan cuando no hay otros hermanos.

Muchas veces los hermanos mayores pueden renunciar a su vida en ausencia de los padres, porque el hermano con discapacidad es su preocupación y su vida. También existen sentimientos de vergüenza y temor por **"el que dirán los demás"** frente a un posible o consumado rechazo del medio hacia su hermano, hacia sí mismo o hacia la familia.

LA VIDA DA VUELTAS

El tener un hijo con una capacidad diferente derivada de una discapacidad es difícil pero es una prueba de fe que muchas veces la vida coloca. Para que lo entiendas mejor, te contaremos la siguiente historia:

En cierta oportunidad Dios reunió a un ejército de angelitos a los cuales les dijo: "tendrán una misión especial ya que el ser humano se ha olvidado de mí; hay guerras, esposos siempre insatisfechos, ricos y pobres peleados, sanos y enfermos separados; no se complementan. Por esa razón, bajarán a la Tierra"

"¿De qué se trata?", preguntaron los angelitos, a lo que Dios respondió: "los seres humanos necesitan tener amor, tolerancia, pero sobre todo esperanza, para esto necesitan valorar lo que tienen; es por eso que los mandaré a ustedes a la Tierra con altas distinciones y tareas especiales para que reconduzcan el goce y la felicidad del ser humano".

"Tú tendrás memoria y concentración de excelencia, serás ciego; tú serás elocuente con tu cuerpo y muy creativo para expresarte, serás sordomudo; tú tendrás pensamientos profundos, escribirás libros, serás poeta, tendrás parálisis cerebral; tú serás bajito, tú simpatía y humor llegarán hasta el cielo, serás gente pequeña; a ti te daré el don del amor, habrán muchos como tú en la tierra y no habrá distinción de raza, porque tendrán la misma cara, ojos, manos y cuerpo, como si fueran hermanos de sangre, tendrás Síndrome de Down; tú vivirás en la Tierra, pero tu mente se mantendrá en el cielo; preferirás escuchar mi voz, tendrás autismo; tú serás el más hábil de todos, te faltará los brazos, harás todo con los pies y la boca".

Los ángeles se sintieron felices por tan alta distinción que Dios les había dado, aunque sintieron tristeza por alejarse de Dios, por lo que le preguntaron: "¿cuánto tiempo estaremos lejos de ti Padre?", a lo que Dios respondió "no se preocupen, estaré con ustedes todos los días, además esto durará solo unos cuantos años.

Bajaron a la Tierra emocionados, cada uno llegó al vientre de una madre, ahí se formaron en seis, siete, ocho y nueve meses. Al nacer fueron recibidos con dolor y profunda tristeza, algunos padres rehusaron la tarea, otros la asumieron enojados, otros se echaron la culpa hasta disolver su matrimonio, otros lloraron con amor y aceptaron el deber.

Aún siguen bajando ángeles a la Tierra con espíritus superiores en cuerpos limitados, y seguirán llegando mientras haya humanidad en el planeta.

Como los angelitos saben que su misión y virtudes son unión, fe, esperanza y caridad gobernadas por el amor; ellos han sabido perdonar y con gran paciencia pasan la vida iluminando a todo aquel que los ha querido amar.

BIBLIOGRAFÍA

AGUILAR, José M. Síndrome de Alienación Parental. Editorial Almuzara. Madrid-España, 1998.

CAJÍAS, Huáscar. Criminología. Editorial Juventud. La Paz-Bolivia, 1990.

CARLSON, Richard. Papás: No se Ahoguen en un Vaso de Agua. Editorial Litográfica Ingramex. México D.F., 2003.

COROMINAS, R. El Minusválido físico y su entorno. Editorial Paidos. Barcelona-España, 1995.

CRUZ, Camilo. Los Genios No Nacen, Se Hacen. Editorial Taller del Éxito. Florida-Estados Unidos, 2008.

DE BONO, Edward. Cómo Enseñar a Pensar a tu Hijo. Ediciones Paidos. Barcelona-España, 2003.

FREIXA, Niella. Familia y deficiencia mental. Amarú Ediciones. Salamanca-España, 2000.

GUILLAMÓN, Carmen. Qué le Ocurre a mi Hijo. Ediciones Robinbook. Barcelona-España, 2002.

GRAY, John. Los Hombres son de Marte y las Mujeres de Venus. Editorial Atlántida. Brasil, 1996.

HARTLEY, Elizabeth. Eres Genial Tal Como Eres. Editorial De bolsillo. Madrid-España, 2006.

JAGOT, Paul. Psicología del Amor. Editorial TOR- SRL. Buenos Aires-Argentina, 1991.

KANCYPER, L. La confrontación fraterna. Editorial Paidos. Buenos Aires- Argentina, 1992.

LAURENT, Assoun. Lecciones psicoanaliticas sobre hermanos y hermanas. Editorial Nueva Visión. Buenos Aires-Argentina, 1998.

MALDONADO, Ruth. Sexualidad y Reproducción Humana. Editorial Gisbert y Cia. La Paz-Bolivia, 1983.

MONTERO, Maritza. Construcción y Critica de la Psicología Social. Editorial Antropos. México, 1995.

PAPALIA, Diane. Desarrollo Humano. Editorial Me. Graw Hill. México, 2004.

SAVATER, Fernando. Los Siete Pecados Capitales. Editorial Sudamericana. Buenos Aires- Argentina, 2005.

VALENCIA, Eddie. Tulipanes en Diciembre. Editorial Mundo Hispano. Estados Unidos, 1992.

WAYNE, Dier. Tus Zonas Erróneas. Editorial Grijalbo. Barcelona-España, 2001.

WEIL, Pierre. Relaciones Humanas en el Trabajo y en la Familia. Editorial Kapeluz. Buenos Aires- Argentina, 1995.

ZANTE, Jonás. Psicopatologia Infanto Juvenil. Editorial Luz. Madrid-España, 2001.

Henry Manzano

120

La presente obra: "¿HIJOS O ENEMIGOS?" del Dr. Edwin Henry Manzano Q. en su
CUARTA EDICIÓN se terminó de imprimir en el mes ABRIL de 2019 en los talleres
gráficos de Colecciones Culturales Editores Impresores La Paz - Bolivia

www.ingramcontent.com/pod-product-compliance
Lightning Source LLC
Chambersburg PA
CBHW020535160726
47992CB00005BA/2392